Sternstunden zur Weihnachtszeit

Geschichten,
die man nicht vergisst

Gesammelt und erzählt von
Andreas Wojak

Inhalt

Einführung — 4

Sternstunden, die Freude schenken — 6
Eine wichtige Frage 9
Das Fest-Tablett 11
Ein feiner Riss 13
Traumhaft schöne Puppen 14
Kater Willy 18
Sinterklaas 21

Sternstunden der Kindheit — 24
Es gibt gar keinen Nikolaus! 26
Tannenbaum-Abenteuer 31
Mikkel 36
Meine Oma 40
Der Werder-Weihnachtsmann 44

Sternstunden des Miteinanders 48
Weihnachtsduft im Klinikflur 50
Liese 54
Schrottwichteln 56
Weihnachten ist keine Pflichtveranstaltung 61
Zwei Kulturen 64
Kindersorgen, Kinderfreuden 67

Sternstunden der Hoffnung 70
Wo der Stern hängt 72
Heiligabend allein 74
Fine, unser Weihnachtsstern 79

Sternstunden, die man nie vergisst 82
Als Heiligabend ausfiel 84
Vater und Sohn 87
Heikes Weihnachtsgeschenk 90
Wende-Weihnachten 94
Kleine Schritte, große Schritte 100

Quellennachweis 104

EINFÜHRUNG

Weihnachten – ein Fest, das verbindet, aber manchmal auch trennt. An das die meisten gerne denken, das aber auch zwiespältige Gefühle und Erinnerungen auslösen kann. Mit seinen sehr unterschiedlichen Aspekten ist Weihnachten fast so etwas wie ein Spiegel unseres Lebens – und darüber hinaus ein Spiegel unserer im Wandel begriffenen Kultur. Kaum jemand, der hierzulande lebt, kann sich dem entziehen – unabhängig von weltanschaulichen Einstellungen oder Glaubensrichtungen.

Ich selbst muss bei „Weihnachten", wie es wohl vielen geht, zu allererst an meine Kindheit denken, an die Spannung vor dem Fest, die Lichter, die warme Stube, die nagelneuen Schlittschuhe, das Getriebe im Haus – an eben all das, was jetzt in meinem Kopf mit einer gewissen Wehmut verknüpft ist, Wehmut über die Vergänglichkeit des Lebens. Aber es gibt auch andere Momente, andere Bilder, die vor meinem inneren Auge entstehen. Dazu gehört, dass wir, weil es bei uns immer etwas chaotisch zuging, öfter spät zum Gottesdienst kamen. Worauf sich die natürlich überpünktlich versammelte Festgemeinde geschlossen umdrehte und uns, die Außenseiter im Dorf, ins Visier nahm.

In diesem Buch erzählen unterschiedliche Menschen ihre persönlich erlebten Weihnachtsgeschichten. Mal amüsante, mal eher ernste oder auch traurige Momente und Begebenheiten. Berührende Geschichten, über die man lächeln, lachen und auch weinen kann.

Ich habe diese Geschichten, die für mich aufgeschrieben oder mir erzählt wurden, gesammelt, bearbeitet und verdichtet. Wie schon bei meinen Büchern „Herzwärts" (2019) und „Sternstunden" (2021) war es eine intensive und sehr erfüllende Tätigkeit. Und wie zuvor bin ich auch diesmal wieder fasziniert von der Vielfalt unterschiedlicher Menschen, mit denen ich zu tun hatte und die mir ihre kostbaren Geschichten anvertraut haben. Dafür sage ich allen Beteiligten von Herzen Dank.

Den Leserinnen und Lesern wünsche ich viel Freude mit dem Buch. Ein kleiner Tipp: Lesen Sie nicht alle Geschichten auf einmal. Und: Die meisten Geschichten eignen sich auch sehr gut zum Vorlesen. Probieren Sie es einfach mal aus …

Andreas Wojak

Wünsche wie die Wolken sind,
Schiffen durch die stillen Räume,
Wer erkennt im lauen Wind,
Ob's Gedanken oder Träume?

Joseph von Eichendorff

EINE WICHTIGE FRAGE

Ich war Lehrerin einer 2. Klasse. Für den Geburtstag meiner Schüler überlegte ich mir jedes Jahr etwas Neues, um dieses schöne Ereignis mit einer kleinen Geste zu würdigen. In diesem Schuljahr hatte ich die Idee, jedem Kind außer einer Karte einen besonderen Stein zu schenken, einen Edelstein. Doch zuvor sollte er nach und nach durch die Hände aller Mitschüler wandern, wobei diese ihre Wünsche für das Geburtstagskind lautlos, in Gedanken, übermitteln durften. Am Ende sollte der Stein, gewissermaßen aufgeladen mit vielen guten Wünschen aller Schüler, dem Geburtstagskind überreicht werden.

Den Herbst über hatten wir das neue Ritual bei den ersten Geburtstagen des Schuljahres erprobt. Die 2b war eine große Klasse, und im Sitzkreis brauchte es fast eine Viertelstunde des „wortlosen Steinewanderns", bis der Stein das Geburtstagskind schließlich erreichte. Ich war erstaunt und berührt, mit welcher Ernsthaftigkeit die Kinder den Stein in der Hand hielten, während sie mit geschlossenen Augen ihre Wünsche in den Stein „hineindachten" und ihn dann behutsam in die Hand des Sitznachbarn legten. Wir schafften es bei allen Geburtstagsrunden zu schweigen – eine Herausforderung für so manches Kind.

Es war kurz vor Weihnachten, der 20. Dezember. Mein Geburtstag. Die Kinder wollten unbedingt auch für mich einen Edelstein mit Wünschen besprechen. Es war eine besondere Atmosphäre im Morgenkreis: Draußen war es noch dunkel, die Kerzen auf unserem Adventskranz brannten. Die Kinder warteten mit Spannung darauf, dass ich einen Edelstein aus meiner kleinen Schachtel im Pult herausholte und dem Kind neben mir in die Hand gab. Der Stein wanderte also von Kinderhand zu Kinderhand. Als gegen Ende Emil den Stein in der Hand hielt, öffnete er bereits nach wenigen Sekunden wieder die Augen, runzelte die Stirn, schaute mich an und fragte:

„Aber Frau Janßen, der Stein ist ja so klein. Wie viele Wünsche passen denn dort überhaupt hinein?"

Ich musste lächeln. „Unendlich viele Wünsche", antwortete ich.

Emil strahlte mich an: „Dann ist es ja gut! Ich möchte Ihnen nämlich auch noch einen Weihnachtswunsch mit in den Stein zaubern."

Mir wurde ganz warm ums Herz.

Lisa Janßen

DAS FEST-TABLETT

Es war 1995, als ich hierhergezogen bin. Kurze Zeit später, so registrierte ich, gab es direkt gegenüber neue Nachbarn, ein Ehepaar. Die Frau sah ich regelmäßig im Garten arbeiten, wir grüßten uns freundlich, aber dabei blieb es. 2009, also vierzehn Jahre später, sprach ich die Nachbarin an: Sie könne doch für ihre Gartenabfälle meine Biotonne mitbenutzen. Ich hatte beobachtet, dass ihre Tonne regelmäßig überquoll, während in meiner noch Platz genug war. Sie nahm das Angebot gerne an. Gelegentlich wechselten wir ein paar Worte.

Monate später war Weihnachten. Für den 1. Feiertag hatte ich eine Einladung meiner Nichte und ihrer Familie, für den 2. Feiertag einen anderen Besuchsplan und deshalb überhaupt nichts eingekauft. Am 1. Feiertag vormittags dann ein Anruf meiner Nichte:

„Margrit, sei bitte nicht traurig, aber das klappt heute Mittag nicht mit dem Weihnachtsessen. Ich fühle mich seit ein paar Stunden sehr unwohl. Es ist nichts Ernstes, aber es geht einfach nicht."

Schade, dachte ich, also kein Festessen heute, aber so ist das Leben nun mal. Es gibt Schlimmeres.

Mittags, kurz vor zwölf, beschloss ich, mir ein paar Spiegeleier zu braten. Als ich den doch recht übersichtlichen Kühlschrank öffnete, klingelte es. Und da stand die Nachbarin vor der Haustür mit einem großen Tablett in der Hand und sagte: „Frohe Weihnachten, Frau Koch!" Auf dem Tablett befand sich ein komplettes Essen: Braten, Kartoffeln, Gemüse, Nachtisch und ein Glas Rosé.

„Warum das?", fragte ich völlig verdutzt.

„Als Dankeschön für das Entgegenkommen mit der Biotonne. Ich hatte so die Eingebung heute."

Ich war völlig sprachlos – und das heißt schon was bei mir. Doch dann musste ich schlucken und meine Augen wurden feucht.

Seit dem Tag bin ich mit der Nachbarin und ihrem Mann befreundet.

Margrit Koch

Das Geheimnis des Glücks
liegt nicht im Besitz, sondern im Geben.
Wer andere glücklich macht,
wird glücklich.

André Gide

EIN FEINER RISS

Heiligabend. Ich war 15 Jahre alt. Meine ältere Schwester hatte an dem Tag gearbeitet, sie war in der ambulanten Pflege tätig. Und erzählte uns, was sie gerade erlebt hatte.

Zu ihrem Patientenkreis gehörte eine ältere Dame, die sie an dem Tag aufgesucht hatte, nicht weit von unserer Straße entfernt. Meine Schwester registrierte, dass in dem Haus so gar nichts an Weihnachten erinnerte. Kein Adventskranz oder ein Tannenbaum, keine Kerzen, keine Geschenke. Und auch kein besonderes Essen. Die Dame hatte weder Angehörige noch sonst jemanden, der sich um sie kümmerte.

Meine Schwester überlegte – und begab sich dann auf die Suche nach etwas „Weihnachtlichem" in dem fremden Haushalt. Aber vergeblich. Bis sie eine Dose Bockwürste fand. Sie erhitzte diese in einem Wasserkocher. Das war wenigstens eine Erinnerung an ein typisches Weihnachtsessen. Und an Weihnachtsstimmung. Die Dame freute sich über alle Maßen, ja, sie war beglückt über das, was meine Schwester ihr gab.

Mein Zuhause war so anders: eine große Familie, ein Leben in Sicherheit und Wohlstand, mit lieben Eltern und Geschwistern. Was an diesem Heiligabend geschehen war, fühlte sich an, als würde sich ein feiner Riss in meiner behüteten Welt auftun.

Katja Hackemann

TRAUMHAFT SCHÖNE PUPPEN

Ein dunkler Novembertag, meine Gedanken wandern zurück. 1944. Im Oktober war ich fünf Jahre alt geworden. In der Zeit war mein kleiner Bruder Jan-Dieter mit sieben Monaten an Keuchhusten gestorben. Unser Vater war schon lange im Krieg. Was ein Krieg bedeutete, wusste ich nicht. Wir – Irmi, Gerd und ich – hatten doch unsere liebe Mama. Unser Opa saß meistens in seinem Lehnstuhl und steckte die Füße in den Backofen des Herdes. Er hatte aus dem 1. Weltkrieg eine Knieverletzung. – Unsere Maria aus Lemberg war schon zweieinhalb Jahre bei uns. Und jeden Morgen kam der französische Kriegsgefangene mit dem Fahrrad, der abends wieder zu dem Lager im Saal Buchholz im Nachbardorf musste. Er hieß bei uns „Franz". Der Name kommt von „Franzmann", wie die Franzosen damals genannt wurden. Franz machte auf unserem Bauernhof die Stall- und Feldarbeit. – Damit er mit uns den Heiligabend feiern konnte, wurden an dem Tag die fünf Kühe früher gefüttert und gemolken. Auch die Rinder, einige Schweine, ein Pferd und die Hühner bekamen eher Futter. Unsere Mutter hatte wohl einige Tage vorher in der kalten Stube den kleinen Weihnachtsbaum geschmückt. Es war niemand da, der Torf zum Heizen graben konnte. Wenn mal ein Apfelbaum umgeweht war, musste das Holz für das Kochen aufgehoben werden. Wir wohnten in der Küche. Dort war es ein wenig warm.

Opa, Mami, Irmi, Gerd und ich und Franz und Maria, wir alle sangen gemeinsam Weihnachtslieder. Sicher dachten Opa und unsere Mama an unseren Vater. Er hatte schon ein ganzes Jahr kein Lebenszeichen geschickt. Der Franz war sicher mit seinen Gedanken in Frankreich, und vielleicht hatte Maria Heimweh nach Lemberg. Von dort war sie als Zwölfjährige mit vielen anderen Mädchen nach Deutschland verschleppt worden.

Wenn die Nazis erfahren hätten, dass wir mit Franz, unserem „Feind", gemeinsam Weihnachtslieder gesungen haben, was hätten die wohl mit uns gemacht?

Von den Sorgen der Erwachsenen ahnten wir Kinder nichts. Wir freuten uns über den bunten Teller, den jeder von uns vor sich auf dem Tisch hatte. Jeder bekam zwei dicke Boskop-Äpfel. Erst zu Weihnachten war diese Sorte genussreif. Es lagen Pfefferkuchen und einige Walnüsse und ein Stück Schokolade auf dem Teller. Schokolade kannte ich noch nicht. Mit unseren Holzschuhen konnten wir die Nüsse wunderbar knacken. Einen Nussknacker besaßen wir nicht.

Was der Weihnachtsmann für Gerd mitgebracht hat, habe ich vergessen. Wahrscheinlich Bleisoldaten, etwa acht Zentimeter groß. Irmi und ich hatten auf unserem Platz einen weißen Karton mit Deckel. Darin lagen traumhaft schöne Puppen. Irmis Puppe hatte ein rotes und meine ein grünes Kleid an. Die beiden Hüte hatten die Farben passend zum Kleid. Die Puppen trugen weiße Schuhe. Das Allerschönste waren die Schlafaugen! So etwas hatte ich noch nie gesehen. Beide Puppen hatten den Mund ein wenig geöffnet und man sah zwei kleine Zähnchen.

Als ich eines Tages von der Schule zurückkam, hatte meine Puppe einen riesengroßen Mund. Irmi hatte sie mit Wasser gefüttert. Sie wusste nicht, dass die Puppe aus Presspappe war. Ich war unendlich traurig, aber ich wusste auch, dass ich Irmi keine Schuld geben konnte. Sie war leider schwachsinnig, wie man das damals sagte.

Viele Jahre später erzählte unsere Mutter von dem Kauf der beiden Puppen: Eine Verkäuferin in der Stadt im Spielwarenladen hat Mutter zugeflüstert, sie hätte in ihrer Wohnung schöne Puppen, die würde sie gegen Speck abgeben. Unsere Mutter hat die Puppen gegen eine selbstgemachte Mettwurst eingetauscht.

Ich glaube, ich war nie wieder an einem Weihnachtsabend so glücklich wie in dem Kriegsjahr.

Helga Bruns

Das Schönste am Schenken
ist das Leuchten in den Augen der Beschenkten.

Russische Weisheit

KATER WILLY

Es war kurz vor Weihnachten. Seit ein paar Tagen schon vermissten wir unseren Kater Willy. Der „flotte Bursche" mit dem schönen schwarz-weißen Fell und den hübschen weißen „Stiefelchen" war nachts oft auf Achse und morgens zur Fütterung stets wieder zur Stelle. Aber jetzt begannen wir uns ernste Sorgen zu machen. Thore, unser zweijähriger Sohn, fragte unentwegt nach seinem geliebten Willy.

Umso größer war die Überraschung, als dieser ausgerechnet am Vormittag des 24. Dezember auf der schneebedeckten Terrasse an der Küchentür auftauchte. Wir waren gerade damit beschäftigt, den Tannenbaum zu schmücken. Schnell ließen wir Willy herein. Doch wie er aussah! Verdreckt, blutige Stellen im Fell, der rechte Vorderlauf lädiert. Außerdem wirkte der Kater apathisch. Also zum Tierarzt, der zum Glück gleich nebenan wohnte. Mir wurde ganz mulmig.

Nach kurzer Untersuchung das Ergebnis: Der Vorderlauf war zertrümmert. Er könne leider nicht helfen, sagte der freundliche Tierarzt, das Bein müsse amputiert werden – in der Tierklinik. Das sei allerdings teuer, mindestens 500 Euro, und der Erfolg nicht sicher. Willy sei wohl in eine dieser illegalen Schlagfallen geraten, vermutete er.

Unseren bis dahin so munteren vierjährigen Kater Willy einschläfern zu lassen, kam überhaupt nicht in Frage. Aber die Kosten! Es war zum Verzweifeln. Doch dann ergab eine telefonische Blitzumfrage, dass sich Mama, Papa, mein Bruder und auch meine liebe Oma daran beteiligen würden. In der Tierklinik, wo es einen Weihnachtsnotdienst gab, wurde Willy noch am selben Tag das Vorderbein abgenommen.

Der Weihnachtsabend stand für uns völlig unter dem Eindruck von Willys Unglück. Vom Ablauf her war es so wie immer, aber in Gedanken waren wir mit unserem kleinen Mitbewohner beschäftigt.

Gleich am nächsten Vormittag durfte ich Willy wieder abholen – und war erstaunt, was für einen stabilen Eindruck er schon wieder machte. Unsere Weihnachtsstimmung besserte sich zusehends, als wir beobachteten, wie schnell Willy lernte, mit seinen verbliebenen drei Beinen zurechtzukommen. Es sah zwar nicht besonders elegant aus, wie er sich so halb humpelnd dahinbewegte, aber auch wir gewöhnten uns schnell an den „neuen" Willy. Schon bald ging er sogar wieder auf Mäusejagd – wenn auch nicht mehr mit wirklich großem Erfolg.

Inzwischen ist der Kater mit seinen jetzt 15 Jahren ein „stattlicher alter Herr auf drei Beinen", geliebt und verwöhnt wie eh und je. Und immer an Heiligabend gibt es für ihn ein großes Extra-Leckerli. Willy hat's verdient!

Katrin Iltzsch

SINTERKLAAS

In meiner Kinderzeit war bei uns in Holland das wichtigste Fest des Jahres – neben dem Geburtstag – das Sinterklaas-Fest. Vor allem natürlich, weil der Sinterklaas, also der Nikolaus, am „Pakjesavond" (Päckchenabend) mit seinen Helfern Geschenke vorbei brachte. Die Familie saß dann in gemütlicher Runde beisammen, und man harrte voller Spannung der Dinge, die kommen würden.

Irgendwann rummste es an der Haustür, und es wurde Sturm geklingelt. Durch die extra angekippten Fenster regnete es Pfeffernüsse, und ich rannte so schnell wie möglich zur Haustür und fand dort einen großen Sack mit Geschenken und Süßigkeiten vor. Manchmal stand auch der Sinterklaas noch vor der Tür, der dann hereingebeten wurde und aus seinem großen Buch die Geschehnisse um den „kleinen Theo" im vergangenen Jahr vorlas.

In meiner Grundschulzeit kam der Sinterklaas nicht mehr höchstpersönlich vorbei. Das lag wohl daran, weil ich im Vorjahr gemeint hatte, dass die Stimme doch sehr nach der von Onkel Willem klang und der weiße, gehäkelte Umhang über dem roten Mantel genau das gleiche kleine Brandloch aufwies wie unsere Tischdecke in der Küche.

Später lief es bei uns wie in vielen niederländischen Haushalten ab, zumindest in denen ohne kleinere Kinder. Dann kommen die Geschenke als so genannte „Surprieses" daher. Dabei hatte bereits einige Wochen vorher das Los bestimmt, wer für wen ein Päckchen vorbereiten musste. Bei der Surpriese steht nicht das eigentliche Geschenk im Mittelpunkt, sondern das Sinterklaas-Gedicht über denjenigen, der das Geschenk erhält. Jeder Beschenkte muss es selbst, bevor es ans Auspacken geht, laut und deutlich vorlesen. In diesen Episteln wird der Adressat wegen nicht vorteilhafter Eigenschaften oder Gewohnheiten auf die Schippe genommen.

So auch im Gedicht meiner Schwester für unseren Bruder Jan. Beide waren ein ganzes Stück älter als ich. Sie beschrieb darin, wie der etwas schüchterne ewige Junggeselle sich in den Kopf gesetzt hatte, in seiner Freizeit, aus Mangel an fußballerischem Können, Amateur-Fußballschiedsrichter zu werden. Er versuchte sich als schmächtiger junger Mann eine gewisse Autorität bei den großen Jungs zu verschaffen. Das klappte nicht immer, denn wegen seiner manchmal zweifelhaften Entscheidungen waren einige Spieler so erbost, dass Schiedsrichter Jan den Fußballplatz wiederholt unfreiwillig verlassen musste. Einmal flüchtete er sogar in voller Schiedsrichtermontur nach Hause und konnte erst Stunden später seine Bürgerkluft und das Fahrrad im betreffenden Verein wieder abholen.

Um all das ging es in dem Gedicht, worüber wir anderen uns herzlich amüsierten. Nicht lange nach dem denkwürdigen „Pakjesavond" beschloss Jan, die Fronten zu wechseln. Statt der Männer sollten fortan die Frauen nach seiner Pfeife tanzen. In der Frauenliga klappte das offenbar erheblich besser, denn die Mittelstürmerin des örtlichen Fußballvereins beendete das Junggesellendasein unseres Bruders und heiratete ihn. Ob das an den vielen Elfmetern lag, die er für ihren Verein pfiff, ist bis heute offen geblieben.

Theo van Alebeek

Ich glaube, nichts geschieht aus Zufall.
Im Grunde hat alles seinen geheimen Plan,
auch wenn wir ihn nicht verstehen.
Carlos Ruiz Zafón

ES GIBT GAR KEINEN NIKOLAUS!

Kolja ist fünf Jahre alt, bald wird er sechs. Er freut sich auf Weihnachten. Alles, was ihm in diesen ersten Adventstagen begegnet, macht ihm Spaß, die Musik in den Geschäften, das Plätzchenbacken, das Öffnen der Türen seines Adventskalenders, der Weihnachtsmarkt, der morgens, wenn Kolja zum Kindergarten gebracht wird, noch schläft. Mittags duftet es schon von weitem unglaublich gut, und das Kinderkarussell mit den Holzpferden dreht sich im Kreis.

Seine Mama hat schon ein paar Mal erzählt, dass sie mit Kolja zusammen auf ein Nikolausfest gehen wird. Ihre Freundin hat Eltern und Geschwister, die auf dem Land wohnen, auf einem Bauernhof. Dort sind sie eingeladen. Es soll draußen gespielt werden, Punsch und Lebkuchen geben und ein Feuer, an dem die Kinder Stockbrote machen. Am späten Nachmittag, wenn es dunkel wird, soll der Nikolaus kommen.

Natürlich geht Kolja gerne auf ein Fest. Aber Nikolaus? Wie soll er es Mama nur sagen, dass er nicht mehr an den Nikolaus glaubt? Seit er jeden Tag vor dem Kaufhaus diese Weihnachtsmänner sieht, die an kleine Kinder Süßigkeiten verteilen, denkt er darüber nach, dass die doch nicht echt sein können. Es sind verkleidete Männer, das sagen auch seine Freunde vom Spielplatz, und die sind schon sieben. Und wenn es Männer gibt, die so tun, als wären sie der Weihnachtsmann, gibt es bestimmt auch welche, die sich als Nikolaus verkleiden.

Er weiß, dass Mädchen und Frauen oft an komische Sachen glauben. Seine Kusine Lilly ist in der zweiten Klasse und glaubt an Elfen. Und seine Mama redet immer vom Nikolaus, als ob sie ihn kennen würde. Sie hat Kolja erzählt, dass sie einmal auf seinem Pferd mitreiten durfte. Kolja will sie nicht enttäuschen, deshalb redet er nicht über das Fest auf dem Land.

Ein paar Tage später auf dem Hof sind schon viele Leute da, als sie eintreffen. Die Kinder nehmen Kolja mit in den Stall, das Pony begrüßen, danach wird Verstecken gespielt. Kolja bleibt nahe bei Tim, einem Jungen, den er schon kennt. Der weiß gute Verstecke, und Kolja fühlt sich stark mit ihm an der Seite. Später helfen sie, das Feuer aufzuschichten und in Gang zu halten.

Als Kolja gerade sein Stockbrot isst, ruft die Großmutter den Kindern zu, sie sollen Ausschau halten nach dem Nikolaus. Schon bald nähert sich sehr schnell ein Pferd mit einem Reiter. „Der Nikolaus im Galopp", sagt Tim bewundernd. „Es gibt gar keinen echten Nikolaus", rutscht es Kolja heraus. „Quatsch", ruft Tim, „du hast ja keine Ahnung, der ist echt, was glaubst du denn! Der kommt jedes Jahr zu uns." Tim ist jetzt ganz aufgeregt, und auch alle anderen schauen wie gebannt auf den Reiter.

Der Großvater verteilt Zuckerstückchen. Als das riesige Pferd und der fremde Mann mit dem dunklen

NIKOLAUSNACHT

Ein Staunen
liegt in der Luft,
wenn das Wunder geschieht
und dir eine Freude
geschenkt wird,
die dich lächeln lässt.

Ein Staunen
liegt in der Luft,
wenn die Nacht
froh wird.

Christa Spilling-Nöker

Bart und dem strengen Gesicht auf den Hof kommen, erschrickt Kolja und reicht seine Zuckerstückchen an Tim weiter.

Das Pferd bleibt stehen, und der Reiter wünscht einen guten Abend. Dieser Nikolaus trägt eine kostbare, glänzende Robe, schwere Reiterstiefel und hat eine Rute aus Weidenzweigen bei sich. Die schwarzen Augenbrauen und der Bart sehen nicht aus wie aufgeklebt.

An den Sattel hat er einen groben Sack gebunden. Das Pferd schnaubt gefährlich und tänzelt auf seinen hohen Beinen. Der Nikolaus klopft ihm beruhigend auf den Hals. Kolja drängt seine Mama ein Stück zurück. Sie legt ihm eine Hand auf die Schulter. Der Großvater hilft dem Nikolaus, den Sack loszubinden und zu öffnen. Der Nikolaus holt Päckchen hervor. Es ist ganz still auf dem Hof.

„Moritz!", ruft der Nikolaus laut. Ein großer Junge tritt vor: „Ja, Herr Nikolaus." Moritz bleibt ruhig vor dem Nikolaus stehen, der ihm das Päckchen herunterreicht. „Der Junge ist doch groß", flüstert Kolja seiner Mama ins Ohr, „der hat keine Angst, oder?" Mama lächelt und streichelt ihm die Wange. „Bitte schön, mein Junge", sagt der Nikolaus zu Moritz, „und bleib, wie du bist." Zum ersten Mal lacht der Nikolaus, und Kolja ist ein bisschen erleichtert. Nacheinander werden Kinder und Erwachsene aufgerufen, erhalten Geschenke, manchen stellt der Nikolaus eine Frage, anderen sagt er etwas Freundliches oder Scherzhaftes.

Jetzt ist Tim an der Reihe. Er wagt es sogar, das Pferd zu streicheln und ihm Zucker zu geben. „Und wo ist der Kolja?", ruft da der Nikolaus. Mama schiebt Kolja vor, ganz nahe an das Pferd. „Hier", sagt sie. „Hat der Kolja auch eine Stimme?", fragt der Nikolaus, aber ganz behutsam, und lächelt dabei. „Ja, hab ich", kommt es leise aus Koljas Mund, und da hat er schon sein Päckchen in der Hand, und Mama bekommt auch eins und sie sagt Dankeschön für beide, weil Kolja wieder stumm ist.

Auf dem Päckchen steht sein Name, mit großen Druckbuchstaben, die er lesen kann. Er hält das Päckchen ganz fest, er will es noch nicht öffnen.

Bald haben alle ihre Geschenke bekommen, der Großvater reicht dem Nikolaus ein Glas, der trinkt aus, verabschiedet sich und reitet davon. Alle winken ihm nach, einer der Männer stimmt ein Nikolauslied an, sie singen und winken und laufen zur Scheune zurück, wo Gläser klirren, es wird gelacht und gesungen. Nur Kolja bleibt an seinem Platz, steht ganz still und schaut und schaut, auch als nichts mehr zu sehen ist auf den dunklen Wiesen, er schaut, bis Mama ihn an die Hand nimmt und mit ihm langsam zu den anderen zurück geht.

Kolja, mein Sohn, ist inzwischen 40 Jahre alt.

Christa Bruns

TANNENBAUM-ABENTEUER

Als ich Kind war, sind wir über Weihnachten immer in die Berge gefahren. Wir hatten meistens eine Ferienwohnung in der Nähe von Reit im Winkl. Das war für mich eine tolle Zeit, da wir alle zusammen waren, meine Oma, meine Tante mit ihrem Sohn und meine Eltern. Mit dabei war auch unser Hund, mit dem ich über den Wiesengrund vorm Haus auf freigeschaufelten Schnee-Wanderwegen getobt bin.

1999, ich war gerade fünf, gab es einen herrlichen Winter mit viel Schnee und richtiger Kälte. Im Garten haben wir Wege für den Hund freigemacht, damit er seine Pipi-Runden machen konnte. Sonst wäre er eingesackt und verschwunden.

Als es darum ging, einen Weihnachtsbaum zu besorgen, hatte mein Vater die Idee, ob man sich nicht einfach einen Baum aus dem Wald holen könnte. Er stellte sich das wohl irgendwie romantisch vor, und ich war auch ganz begeistert. Also sind wir an einem Abend los.

Es war natürlich stockdunkel, aber wir hatten eine Taschenlampe dabei. Aus der Garage nahmen wir eine alte Axt und eine rostige Bügelsäge mit. Papa ließ mich die Säge im Kofferraum verstauen, die Axt nahm er lieber selbst. Ich setzte mich auf meinen Kindersitz nach hinten. Neben mir war der Sitz schon heruntergeklappt für den Weihnachtsbaum.

Wir mussten gar nicht lange fahren, nur in das hintere Tal. Wir waren die einzigen dort, ein tolles Gefühl. Es gab kein Licht von irgendwo her, der Mond war auch nicht wirklich hell. Papa fuhr bis an den Rand des Waldes.

Wir stiegen aus, und ich stand gleich bis zu den Oberschenkeln im Schnee. Ich suchte Papas Hand und sagte zu ihm, dass er mich auf keinen Fall alleine lassen sollte. Papa öffnete dann den Kofferraum, nahm das Werkzeug heraus und meinte, dass wir wohl ein Stück in den Wald gehen müssten, um ein geeignetes Bäumchen zu finden. Ich machte ein paar Schritte und verlor meinen Halt. Zwar plumpste ich sachte und leise in den Schnee, aber der war sofort in meiner Kleidung, und es wurde mir kalt. Papa half mir wieder hoch. Da stand ich nun selbst als Schneemann, das hatte ich mir so nicht vorgestellt.

Es war so still, so dunkel, so kalt und der Schnee so hoch, und ich wollte nicht in den Wald. Es war einfach unheimlich. Papa meinte dann, wohl zu meiner Beruhigung, dass wir nicht so tief reingehen würden. Ich stapfte dann in seinen Spuren, das war etwas leichter. Bald sahen wir eine kleine Tanne voller Schnee. Wir gruben mit den Händen den unteren Bereich frei, und Papa schaute nach dem Stamm. Denn er brauchte Platz und einen guten Winkel, um den Baum zu schlagen. Dann hieb er mit der Axt auf den Stamm ein, was so laut war, dass ich erschrak und ängstlich um mich schaute. Er hieb noch zweimal; dann fiel der angeros-

tete Keil ab und versank im Schnee. Das war blöd, wie sollten wir nun den Baum fällen?

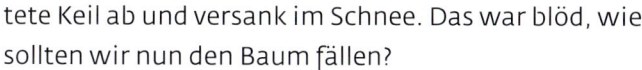

Papa sagte, das würde schon irgendwie gehen und es sei auch besser, nicht so einen Lärm zu machen. Nicht dass noch ein Förster oder ein Jäger auf uns aufmerksam würde.

Meine Füße wurden kalt, und ich musste auf Toilette, traute mich aber nicht, es zu sagen. Papa holte jetzt die Säge aus dem Auto und versuchte sich damit. Ich sollte an der einen Seite halten und ziehen, damit wir gleichmäßig sägen könnten. Aber ich hatte nicht genug Kraft. Papa musste es also alleine machen und schimpfte leise vor sich hin. Vor allem über den Schnee, der nun auch bei ihm in alle Ritzen gedrungen war. Mir wurde währenddessen immer kälter, und die Füße verwandelten sich in Eisblöcke.

Endlich aber hatte er den kleinen Tannenbaum, der so um einen Meter groß war, abgesägt. Es hing immer noch festgefrorener Schnee in den Zweigen und Papa meinte, dass das Auto doch sehr schmutzig werden würde – wir hätten eine Decke gebraucht.

Ich krabbelte auf meinen Sitz und zog von innen den Stamm näher heran. Was für eine Schneesauerei – aber es roch herrlich nach frischem Holz und nach Harz, auch meine Hände, was ich sehr schön fand.

Wir wollten nun schnell heim ins Warme. Papa ließ den Motor an, aber die Räder drehten durch. Oh nein, ich dachte, wir würden hier nie wieder rauskommen. Papa hatte aber die Ruhe weg und sagte, er müsse nur ein bisschen mit den Rädern vor und zurück schaukeln, dann würde er das Auto schon freikriegen. Mir war ganz schlecht, ich wollte nur weg. Nach einer ewigen Zeit klappte es doch, das Auto setzte sich in Bewegung und wir fuhren nach Hause. Dort angekommen, flitzte ich schnell rein und wollte auch nicht mehr nach draußen.

Papa stellte den Baum grummelnd auf der Terrasse ab. Nun sahen wir durch die Glastür, dass die kleine Tanne auf einer Seite nur dürre kahle Äste hatte und außerdem total krumm gewachsen war. Ein schönes, stattliches Exemplar war der Baum wirklich nicht, aber mir gefiel er trotzdem. Eigentlich war das der schönste Weihnachtsbaum meines Lebens.

Als Mama am nächsten Morgen die Tanne wunderbar schmückte, tranken Papa und ich eine leckere Tasse Kakao. Wir waren uns einig, dass es eine super gefährliche Aktion gewesen war und dass wir das doch nicht noch einmal machen möchten.

Nils Lameyer

WEIHNACHTSLIED

Vom Himmel in die tiefsten Klüfte
Ein milder Stern herniederlacht.
Vom Tannenwalde steigen Düfte
Und hauchen durch die Winterlüfte,
Und kerzenhelle wird die Nacht.

Mir ist das Herz so froh erschrocken,
Das ist die liebe Weihnachtszeit!
Ich höre fernher Kirchenglocken
Mich lieblich heimatlich verlocken
In märchenstille Herrlichkeit.

Ein frommer Zauber hält mich wieder,
Anbetend, staunend muss ich stehn;
Es sinkt auf meine Augenlider
Ein goldner Kindertraum hernieder,
Ich fühl's, ein Wunder ist gescheh'n.

Theodor Storm

MIKKEL

Als mein Enkel Mikkel ein Jahr alt war, heirateten seine Eltern kirchlich. Pastor Langhorst kam vorher mehrmals zu Besuch, es gab viel zu bereden und zu planen. Es wurde ein richtig schönes Fest, in einer alten Scheune, mit Chor, vielen Gästen und schönen Worten von Pastor Langhorst.

Als Mikkel zwei Jahre alt war, fand bei sehr regnerischem Wetter in Bremerhaven seine Taufe statt, in der Weser. Es konnte nichts schief gehen, denn Pastor Langhorst war ja da und taufte ihn in aller Ruhe, bei Sturm und Regen, mit vielen anderen Kindern.

Mit drei Jahren nahm Mikkel zum ersten Mal den Weihnachtsgottesdienst in der kleinen alten Kirche um die Ecke bewusst wahr. Alles war festlich geschmückt. Es gab ein Krippenspiel, Lieder wurden gesungen, und Pastor Langhorst erzählte die besondere Geschichte, die Mikkel auch schon kannte, und er strich ihm am Ausgang über den Kopf: „Schön, dass du da bist, und Frohe Weihnachten, Mikkel!"

Im Jahr 2020 war Mikkel zu Weihnachten schon vier Jahre alt und alles war anders. Die Freude auf den Heiligen Abend und die Spannung, ob der Weihnachtsmann wohl da gewesen war, blieb die gleiche, aber nicht so der vertraute Gottesdienst. Es war Coronazeit.

Trotzdem zog unsere kleine Familie los, mit Mundschutz und in Erwartung dessen, was da kommen möge. Vor der Kirche empfing uns ein Bläserchor, bestehend aus jungen Leuten, die ein Spalier zum Kircheneingang bildeten und altbekannte Weihnachtslieder spielten.

Jeweils 15 Leute durften in die Kirche hinein, und es wurde die Weihnachtsgeschichte vorgelesen, begleitet von „Hirten" und „Engeln", aber, oh, es war nichts von Pastor Langhorst zu sehen! Ein anderer Pastor hielt die Andacht.

Nach der Weihnachtsgeschichte gingen wir um den Altar herum, hinten durch die Apsis hinaus zum Kirchengarten. Dort erhielten wir den Segen und sangen mit viel Abstand Mikkels Lieblings-Weihnachtslied: „O du fröhliche." „Ich liebe es, Oma", so seine Worte.

Derweil hatte er beobachtet, dass Pastor Langhorst die nächste Andacht begleitete und gerade seine „Schäfchen" in die Kirche führte. Nun ging es aber heim, die Männer voraus. Mit Mama und Oma stapfte Mikkel eilig hinterher, um dann plötzlich stehen zu bleiben: „Ich möchte nochmal zurück und warten, bis Pastor Langhorst wieder aus der Kirche kommt. Wir wissen ja jetzt, wo das ist."

Gesagt, getan, wir drehten um und warteten am Hinterausgang der Kirche, bis die nächste kleine Gemeinde zum Segen heraus kam, zum Schluss Pastor Langhorst. Kaum war der zu sehen, rief Mikkel: „Frohe

Weihnachten, Pastor Langhorst, das wünsche ich dir!" Herr Langhorst stockte etwas, schaute, winkte und rief zurück: „Frohe Weihnachten, Mikkel, auch dir und deiner Familie!" Mikkel strahlte übers ganze Gesicht: „Jetzt können wir gehen und gucken, ob der Weihnachtsmann da war!"

Als wir die Treppe zur Wohnung hinaufkamen, ein Jubelschrei, denn Möhre und Brot für den Esel vom Weihnachtsmann waren fast aufgefressen: „Er war da, er war da!"

Und so wurde es doch, wie immer, ein schönes Weihnachtsfest.

Birgit Keller-Mondorf

VORFREUDE AUF WEIHNACHTEN

Ein Kind – von einem Schiefertafel-Schwämmchen
Umhüpft – rennt froh durch mein Gemüt.

Bald ist es Weihnacht! – Wenn der Christbaum blüht,
Dann blüht er Flämmchen.
Und Flämmchen heizen. Und die Wärme stimmt
Uns mild. – Es werden Lieder, Düfte fächeln. –

Wer nicht mehr Flämmchen hat,
Wem nur noch Fünkchen glimmt,
Wird dann noch gütig lächeln.

Wenn wir im Traume eines ewigen Traumes
Alle unfeindlich sind – einmal im Jahr! –
Uns alle Kinder fühlen eines Baumes.

Wie es sein soll, wie's allen einmal war.

Joachim Ringelnatz

MEINE OMA

Es war Heiligabend, die Aufregung nach der Bescherung hatte sich gelegt, wir Kinder erfreuten uns an den neuen Spielsachen, als auf einmal jemand sagte: „Oma schläft." Jetzt sah ich es auch: Meine kleine, rundliche, geliebte Oma saß auf dem Sofa und schlummerte. Wohl vor Erschöpfung.

Oma war außerordentlich wichtig für uns, noch wichtiger als Opa. Einen Vater gab es nicht, wir lebten mit unserer Mutter, die berufstätig war, bei den Großeltern und noch einer Tante, die behindert war und die sich manchmal furchtbar aufregte. Oma war in solchen und vielen anderen Situationen so etwas wie ein Fels in der Brandung.

Das zeigte sich nicht zuletzt an Heiligabend, diesem großen und besonderen Tag im Jahr, an dem so unendlich viel zu tun und zu bedenken war. Und an dem unsere Oma auch noch Geburtstag hatte.

Der Tag lief nach einem festen Ritual ab, an dem nicht zu rütteln war. Morgens in der Frühe brachten wir ihr Geburtstagsgeschenke. Vormittags kam unser Onkel mit Frau und Kindern zu Besuch, während Oma und unsere Mutter noch mitten in den Vorbereitungen für das Mittagessen steckten. Unmengen an Kartoffeln hatte Oma dafür schon am Vorabend geschält.

In der Küche wurde eine große Tafel aufgebaut, damit die insgesamt dreizehn Personen Platz hatten. Mehrere weiße, gestärkte Tischdecken mussten aneinandergelegt werden. Es war selbstverständlich, dass wir Kinder mithalfen, aber dies sorgte auch für zusätzliches Durcheinander. Zwischendurch wurde für die Verwandtschaft in unserem Wäldchen ein Tannenbaum geschlagen und auf dem Autodach verpackt. Und manchmal musste das Geburtstagsgeschenk für Oma, z.B. ein neuer Teppichboden für die Stube, noch angepasst und ausgelegt werden.

Wir Kinder waren voller Weihnachtsvorfreude und entsprechend aufgeregt. Aber auch die Erwachsenen waren alle mit irgendetwas beschäftigt. Wenn es zu laut wurde, machte sich unsere behinderte Tante auf ihre Art noch lauter bemerkbar. Opa ergriff dann die Flucht, während Oma, unterstützt von unserer Mutter, weiterhin unentwegt aktiv war.

Später gab es Tee und Kuchen, den Oma natürlich zuvor gebacken hatte. Es war ja schließlich ihr Geburtstag, der eben auch gefeiert werden wollte. Nach dem Abschied der Verwandten ging das Ritual weiter seinen Gang: Wir durften helfen, den Tannenbaum zu schmücken, aber danach wurde die Tür zur Stube verschlossen und Oma passte auf, dass wir nicht durch das Schlüsselloch linsten. Opa nahm uns mit nach draußen, weil Oma und Mutter noch „etwas zu tun" hätten und dafür „Ruhe" bräuchten.

Gegen Abend dann der Weihnachtsgottesdienst in der Dorfkirche. Oma blieb derweil zu Hause und bereitete das Abendessen vor: Kartoffelsalat und Würstchen – eine Tradition, die ich bis heute beibehalten habe. Vor Aufregung hielt sich bei uns Kindern der Appetit in Grenzen und wir fragten immer wieder: „Wie lange ist es denn noch bis ‚Heiligabend'?" Schließlich, nach endlos erscheinender Zeit, öffnete unsere Mutter die Stubentür, und wir bewunderten andächtig den festlichen Weihnachtsbaum mit den vielen brennenden Kerzen. Zunächst wurden mehrere Weihnachtslieder gesungen, Oma konnte alle Strophen auswendig, und ihr Lieblingslied war „Tochter Zion, freuheuheueue dich", das sie mit Inbrunst sang. Danach durften wir endlich die Geschenke auspacken.

Für mich und meine Geschwister war dies unzweifelhaft der schönste und bedeutendste Tag im Jahr. Und meine Oma? Ich glaube, für sie war es eher der anstrengendste Tag des Jahres. Einmal sagte sie, als wir ihr die Geschenke brachten: „Ob ich das nächste Jahr wohl noch erleben werde?" Ich war recht klein, erinnere mich aber genau an die Szene und daran, welch ein Schrecken mich durchfuhr. Gottseidank hatte Oma noch viele Jahre vor sich.

Und diesmal war sie einfach unter dem Weihnachtsbaum eingeschlafen! Das ging für uns Kinder gar nicht, und so ließen wir Oma nicht in Ruhe, bis sie sich berappelte und wieder hellwach war und das Weihnachtsfest mit uns weiterfeierte.
Omas Tod liegt nun schon viele Jahre zurück – aber Weihnachten mit Oma ist für mich immer noch sehr, sehr lebendig.

Rosa Sommer

WEIHNACHTEN!

Weihnachten damals:
wie wir tobten und lachten
und vorfreudenselig
die Tage verbrachten,

wie wir Kerzen entzündeten,
Träume entfachten
und voller Erwartung
die Nächte durchwachten!

Weihnachten heute:
wie wir still danach trachten,
es ähnlich zu tun,
wie wir damals es machten!

Beständige Sehnsucht,
ewiges Schmachten
nach dem Kindlichen, Göttlichen,
Sanften und Sachten,

einem bleibenden Lichtstrahl
vergangener Prachten!
Weihnachten!

Jörn Heller

DER WERDER-WEIHNACHTSMANN

Während meiner Kindheit in den sechziger Jahren war es bei uns üblich, dass der Nikolaus den Wunschzettel für den Weihnachtsmann mitnahm. Damit auch nichts schiefging, legten meine Brüder und ich für den Nikolaus eine Scheibe Brot und für den Esel ein Blatt Grünkohl auf den Teller. Am nächsten Morgen war alles weg, und der Nikolaus hatte Süßigkeiten und Nüsse dagelassen. Welch eine Freude! Und an Weihnachten brachte der Weihnachtsmann, meistens jedenfalls, die Geschenke, die auf dem Wunschzettel gestanden hatten.

Diesen schönen Brauch habe ich auch für meine Tochter Sophia jahrelang zelebriert. Der Wunschzettel wurde von ihr wunderschön gestaltet. Als sie noch nicht schreiben konnte, wurden Bildchen ausgeschnitten und auf den Wunschzettel geklebt. Am Nikolausabend legte Sophia ihn dann auf einen Teller und für den Nikolaus ein Stück Brot und für den Esel Grünzeug dazu. Und siehe da, am nächsten Morgen war alles weg und der Teller reich bestückt.

Ein paar Wochen später wurde mit Spannung der Heilige Abend erwartet. Würden alle Wünsche in Erfüllung gehen? Und würde der Weihnachtsmann auch ins Haus kommen? Doch welcher von meinen Freunden sollte dessen Rolle spielen? Es musste jemand sein, den Sophia nicht kannte. Schließlich erklärte

sich mein Kollege Peter bereit. Das konnte funktionieren.

Am Tag vor Heiligabend bin ich dann mit den Geschenken zu ihm. Dazu ein kleiner Spickzettel, auf dem die Höhepunkte von Sophias Leben im vorangegangenen Jahr vermerkt waren. Und natürlich auch ein kleines Geschenk für die Mama, denn ein richtiger Weihnachtsmann vergisst nicht die Mütter!

Endlich der 24. Dezember. Tagsüber schmückten Sophia und ich den Baum. Dann noch Astrid Lindgrens „Michel aus Lönneberga" im Fernsehen. Als es dunkel wurde, hörten wir ein zartes Glöcklein. Wir beide ans Fenster. Nichts zu sehen. Und auf einmal: „Hohoho, wohnt hier eine kleine Sophia?" Meine Tochter flitzte zur Tür und da stand er wahrhaftig, der Weihnachtsmann. In Rot gekleidet, mit langem weißem Bart, hohen Stiefeln und einem großen Sack auf dem Rücken. Ihre Augen wurden groß und größer.

Der Weihnachtsmann trat ins Wohnzimmer und sprach mit Sophia über dieses oder jenes, was sie erlebt hatte. Für sie unfassbar, wie konnte der Weihnachtsmann das alles wissen? Sie spielte noch ein Lied auf der Flöte und dann der große Moment: Die Geschenke wurden aus dem Sack geholt.

Zum Abschluss trank der Weihnachtsmann noch ein Glas Sekt zur Stärkung. Danach musste er sich fix auf den Weg machen, die Rentiere scharrten schon ungeduldig mit den Hufen und wollten weiter zu den anderen Kindern.

So ging das einige Jahre. Irgendwann wurde Werder Bremen Deutscher Fußballmeister. Das nahm Peter zum Anlass, eine große Party in Grünweiß im Schrebergarten-Vereinsheim mit vielen Freunden zu veranstalten. Auch Sophia und ich waren eingeladen. Sie war damals sechs Jahre alt, und ich hatte etwas Sorge, dass sie Peter bei seinem nächsten Weihnachtsmann-Auftritt erkennen würde. Aber Glück gehabt, sie merkte nichts.

Doch in der dritten Klasse kamen erste Stimmen von Mitschülerinnen und Mitschülern: Es gibt gar keinen Weihnachtsmann! Aber Sophia ließ sich nicht beirren.

Der Heilige Abend lief wie gewöhnlich ab. Glöckchen, Blockflöte, Geschenke, Sekt, Erinnerungsfoto. Ein paar Tage später schaute sich Sophia die Bilder auf meiner neuen Digitalkamera an. Eins zeigte den Weihnachtsmann, wie er ihr ein Geschenk überreichte. Ich beobachtete mit einem kleinen Schrecken, wie sie das Gesicht des bärtigen Mannes heranzoomte. Immer größer. Sie betrachtete es eingehend und sagte dann auf einmal: „Mama, wie heißt noch der Typ von der Werder-Party?"

Der Weihnachtsmann war enttarnt. Aber eine Zeitlang durfte er noch kommen. Das Ritual war einfach zu schön …

Renate Gerdes

Gestern Abend war's, so gegen Sieben,
Mutter war gerade beim Kaufmann drüben.
Da holtert's und poltert's die Treppe hinauf,
klopft an die Tür und reißt sie auf.
Knecht Ruprecht war's, er kam herein
und denkt euch, ich war ganz allein.
Er murmelte etwas, wie: „Weihnachtslieder",
da sprang ich schnell vom Stuhle hernieder
und sang ihm das Lied von der heiligen Nacht,
da hat er aber Augen gemacht.
Er schenkte mir Nüsse und Pfefferkuchen
und sprach, er wird mich mal wieder besuchen.
„Grüß' auch Mutter und Vater recht schön!"
Und ich sagte fröhlich: „Auf Wiedersehn."

Verfasser unbekannt

WEIHNACHTSDUFT IM KLINIKFLUR

Es war nicht nur ein Tannenbaum, der im Eingangsbereich unseres Krankenhauses ein wenig adventliches Flair verströmte, sondern vor allem ein verlockender Duft ließ die Besucherinnen und Besucher aufmerksam werden – der Duft von Waffeln. Eine Weihnachtsbäckerei im Krankenhaus? Wer etwas Muße hatte, konnte an einer Seite einen Stand mit jungen Leuten entdecken, die frischgebackene Waffeln anboten. Nicht verschenkten, sondern verkauften. Zu einem sehr gemäßigten Preis. Immer wieder umringten Menschen den Stand, erkundigten sich bei den fröhlichen jungen Menschen nach dem Grund der doch in diesem Ambiente sehr ungewöhnlichen Aktion – und entfernten sich wieder mit einem Lächeln im Gesicht und einer Waffel in der Hand. Unter ihnen auch etliche Mitarbeiter und einige mobile Patienten.

Was war hier los? Bei den jungen Leuten handelte sich um meine Schülerinnen und Schüler der Krankenpflegeschule, an der ich als Lehrerin tätig bin. Der Grund für die Back- und Verkaufsaktion: Es stand bei uns einige Zeit später eine Klassenfahrt an. Als ich kurz vor Weihnachten die Fahrt im Unterricht ankündigte, signalisierte eine Schülerin, dass sie bzw. ihre Eltern die Kosten dafür nicht aufbringen könnten.

Sofort wurden in der Klasse Stimmen laut, dass man das Geld irgendwie beschaffen müsse. Vielleicht mit einer Art Sammelaktion. Jemand schlug vor, Waffeln zu backen und zu verkaufen. „Es ist doch richtig traurig für Patienten, gerade jetzt in der Weihnachtszeit, im Krankenhaus liegen zu müssen. Und für die Angehörigen ist das auch nicht schön", sagte eine Schülerin. Deshalb wäre es doch gut, wenigstens mit den Waffeln für etwas Weihnachtsstimmung zu sorgen. Die Idee stieß auf Begeisterung, auch ich fand sie wunderbar. Sofort verbreitete sich in der Klasse eine umtriebige Stimmung, alle redeten durcheinander, berieten, wer was besorgen sollte, wer mit der Klinikleitung sprechen würde und so weiter.

Natürlich erzählten meine Schüler an dem Stand nicht, wofür genau sie das Geld brauchten, es war von einem „Klassenfest" die Rede. – Das Ergebnis übertraf ihre Erwartungen um einiges. Und auch mit der regelrecht begeisterten Resonanz der Besucher und Patienten sowie aus dem Kreis des Personals hatten sie nicht gerechnet. Von allen Seiten kam Lob und Zuspruch, so dass die Aktion ein paar Tage später sogar noch einmal wiederholt wurde. Einer der Chefärzte war Stammgast am Stand und orderte jede Menge Waffeln für seine Station. Ich erinnere mich noch gut, als er zu mir sagte: „So etwas in unserm Haus! Es ist doch erstaunlich, was junge Menschen mit ihrem Elan alles bewirken können."

Die Klassenfahrt „für alle" konnte auf diese Weise wie geplant stattfinden. Es war ein schönes Geschenk für die betroffene Mitschülerin. Aber das größte Geschenk hatten meine Schüler sich selbst gemacht – abzulesen an der Freude in ihren Gesichtern, wenn später immer mal wieder von der „Weihnachtswaffelaktion" die Rede war.

Kerstin Bach

WANN FÄNGT WEIHNACHTEN AN?

Wenn der Schwache
dem Starken die Schwäche vergibt,
wenn der Starke
die Kräfte des Schwachen liebt,
wenn der Habewas
mit dem Habenichts teilt,
wenn der Laute
bei dem Stummen verweilt
und begreift,
was der Stumme ihm sagen will,
wenn der Leise
laut wird
und der Laute still,
wenn das Bedeutungsvolle
bedeutungslos,

das scheinbar Unwichtige
wichtig und groß,
wenn mitten im Dunkel
ein winziges Licht
Geborgenheit,
helles Leben verspricht,
und du zögerst nicht,
sondern du gehst,
so wie du bist,
darauf zu,
dann,
ja dann
fängt Weihnachten an.

Rolf Krenzer

LIESE

Immer am Weihnachtsabend, wenn wir Kinder schon bei Tisch aufgeregt der Bescherung entgegenfieberten, stand unser Vater auf und verließ die Küche – ohne ein Wort zu sagen.

Einmal aber schlich ich ihm heimlich nach. Im schummerigen Pferdestall angekommen, sprach er leise mit unserer Liese, einem treuen Ackerpferd, klopfte ihr den Hals und gab ihr eine große Schale voll trockenes Brot und Hafer. Danach ging er zurück zur Familie, und mit großem Hallo folgte die Bescherung. Die seltsame Geschichte im Pferdestall war bald vergessen.

Das Pferd gibt es schon lange nicht mehr. Dort, wo Liese stand, stehen heute die Kinderbetten. Doch die weihnachtliche Begebenheit mit Liese habe ich nie vergessen. Das Bild steht unverändert vor mir: Wie unser Vater das Pferd ansah und mit ihm sprach, es als Lebewesen und Mitgeschöpf behandelte und mir damit zeigte, dass wir für alle um uns herum da sind, ob Mensch, Tier oder Pflanze. Dass wir zusammengehören. Dass wir dankbar sein dürfen. Dass wir die, die im Dunkeln stehen, nicht vergessen.

Wilhelm Haase

Das Leben aller Lebewesen,
seien sie nun Menschen, Tiere oder andere,
ist kostbar, und alle haben dasselbe Recht,
glücklich zu sein. Alles, was unseren Planeten
bevölkert, die Vögel und die wilden Tiere, sind
unsere Gefährten. Sie sind Teil unserer Welt,
wir teilen sie mit ihnen.

Dalai Lama

SCHROTTWICHTELN

Unsere Nachbarn hatten uns für Sonntag nach dem Nikolaustag zum Schrottwichteln eingeladen. Sie sagten, das sei eine besondere Art, Geschenke zu verteilen. Man packt etwas in Geschenkpapier ein, was man nicht mehr haben möchte. Nichts Neues, etwas Gebrauchtes.

„Kein Problem", sagte ich, „ich habe viel, was ich loswerden möchte." Wir verabredeten in der Familie, dass wir uns gegenseitig nicht verraten, was wir einpacken und mitnehmen, damit es für jeden eine Überraschung wird. Wir haben uns fein gemacht und sind zu den Nachbarn hinübergegangen. Dort auf dem Tisch stand eine große, schöne Porzellankanne auf einem Stövchen. Außerdem ein länglicher Kuchen, in sonderbarer Form gebacken, wie eine Welle oder eine Locke: ein Stollen. Mit vielen Rosinen und Mandeln und dick mit Puderzucker bestreut. Er schmeckte ähnlich wie Maamoul bei uns früher in Syrien, ein Griesgebäck mit Mandel-, Nuss- oder Dattelfüllung.

Zwei andere Nachbarn, Paare ohne Kinder, kamen etwas später. Nach dem Teetrinken starteten wir das Schrottwichteln. Es wurde reihum gewürfelt. Wer eine 6 hatte, durfte sich ein Päckchen aus dem Sack nehmen. Bei der nächsten 6 durfte er oder sie es dann auch auspacken.

Ich konnte sofort erkennen, was meine Kinder eingepackt hatten: Klopapierrollen mit Kartoffeln und

hässliche Becher. Kartoffeln mögen sie noch immer nicht, sie essen lieber Reis oder Bulgur. Das Paket, das ich eingepackt hatte, war das größte. Ein Schuhkarton, umwickelt mit schönem Geschenkpapier und einer roten Schleife. Zunächst hat ihn keiner gewählt. Alle waren bescheiden und nahmen die kleinen Pakete. Einer bekam einen Schlüsselanhänger, eine Nachbarin eine hässliche Blumenvase. Alle schauten beim Auspacken der anderen zu. Wir haben viel gelacht.

Der Nachbar, der uns eingeladen hatte, hat dann mein Paket genommen. „Es ist ganz leicht", sagte er. Gleich in der nächsten Runde hatte er wieder eine 6. Mir brach der Schweiß aus. Er zog die Schleife ab. Meine Knie fingen an zu zittern. Mir wurde heiß, meine Haare im Nacken stellten sich auf. Er wickelte das Papier ab.

Der Nachbar nahm den Deckel hoch, und ich sah, wie es rauskam, alles kam raus, was ich loswerden wollte. Alles war wieder da, kam zu mir zurück – die Angst, die Bomben, Flugzeuge, meine Stadt Homs, meine Heimat Syrien, August 2013.

Die Schmerzen und die Angst im Nacken, ich starre in den Himmel, die Sonne scheint, Bombenwetter, die Bomber kreisen, die Piloten halten Ausschau, wo sie ihre teuren Bomben auf uns abwerfen sollen. Das Preis-Leistungs-Verhältnis von Bomben zu Opfern muss stimmen.

In meinen Ohren die Schreie, das Einstürzen der Häuser, die Fassbomben, die Fragen: Soll ich meine Familie über das ganze Haus verteilen, damit es nicht alle trifft, damit einer überlebt? Wo? Im Erdgeschoss oder oben, oder alle zusammen im Wohnzimmer, unter dem Tisch, im Schrank, im Bett mit der Decke über dem Kopf?

Der Hunger, Hunger auf der Flucht, Durst, die Kinder haben Durst, zu viele Flüchtlinge, zu wenig Wasser, Verstecken, Angst, Demütigungen, Grenze und Waffen, zu viele Flüchtlinge, meine Kinder. Mein kleiner Sohn ist elf, er ist kein Kind mehr, seit er sein Zuhause und seine Spielzeuge verlassen hat.

Mein Sohn sitzt jetzt mit mir hier bei den freundlichen deutschen Nachbarn, auch meine Frau, meine beiden Töchter. Ich stöhne, halte mir die Hände vor das Gesicht. Die Nachbarin sagt: „Du bist ja ganz bleich", und holt mir ein Glas kaltes Wasser. Der Nachbar bietet mir einen Schnaps an. Ich weiß, ich kann die Erinnerungen nicht loswerden. Sie sind für immer in meinem Blut, in meinen Knochen, in meinen Haaren.

Alle starren mich an. „Was ist los?", fragen sie. Ich kann es ihnen nicht erzählen, nicht an diesem Tisch mit dem Geschenkpapier, den Schleifen und den unnützen Sachen. „Ich habe vergessen, etwas in die Schachtel zu tun", sage ich, „tut mir leid."

Da fangen alle an zu lachen. „Ist doch nicht schlimm. ‚Nichts' ist genau das Richtige für mich", sagt der Nachbar. „Ich kann sowieso nichts mehr gebrauchen." Bei der Verabschiedung an der Tür sagt er leise zu mir: „Komm doch morgen Abend mal allein zu uns rüber, dann können wir reden."

Jameel Juratly

Das Leben der Völker ist überall das Gleiche.
Die Hartherzigen, Unmenschlichen und Müßigen
ernähren sich durch Gewalt und Krieg, die
Gutherzigen, Sanften und Fleißigen dulden lieber.
Die Geschichte ist eine Geschichte solcher Gewalt
und ihrer Bekämpfung.
Leo Tolstoi

WEIHNACHTEN IST KEINE PFLICHTVERANSTALTUNG

Der 24. Dezember. Für mich nichts Besonderes: ein kalter Tag im Winter, an dem man Geschenke bekommt, die Großeltern besucht und Kartoffelsalat isst. Um genau zu sein, Kartoffelsalat mit Bockwurst, aber als Vegetarierin bricht man leider die Tradition und bleibt nur bei Kartoffelsalat, auch wenn Oma und Opa das niemals verstehen können und leicht genervt sind. Das ist eigentlich die ganze Geschichte. Sollte ich vielleicht noch erwähnen, dass nach der Bescherung traditionelle bayrische Weihnachtstragödien geschaut wurden?

Das mag vielleicht trostlos und traurig wirken. Aber genau das ist Weihnachten für mich, zumindest war es das lange Zeit. Trostlos und traurig. Eine Verpflichtung, der man nachkommen musste. Man traf sich zum Essen und packte später Geschenke aus.

Natürlich habe ich mich gefreut, wenn Mama und Papa mir meinen seligsten Wunsch erfüllt hatten, wie damals einen roten Nintendo DS Light. Aber in den meisten Fällen war die Stimmung gedrückt und gestresst, ständig mussten irgendwelche Dinge vorbereitet werden. Man macht das eben so. Ist ja Weihnachten.

Als Kind kann man nicht wirklich viel dagegen sagen. Man bereitet der Familie ohnehin schon genug Kopfschmerzen. Also sind die Geschenke das einzig

Schöne. Ich erinnere mich auch an den Geruch von verbranntem Holz und Tannenzweigen, von Punsch und frisch gebackenen Keksen. Aber all das wird überschattet von Ritualen, auf die niemand so richtig Lust hat. Wenn mein Großvater dann während des „Festmahls" aufstand, um Nachrichten zu gucken, war der Abend perfekt. Zwischen Tagesschau und Tagesthemen Geschenke auspacken und dabei in die Kamera lächeln.

Das war Weihnachten für mich, für ungefähr 16 Jahre. Dann habe ich angefangen, nach dem Sinn des Festes zu fragen. Es musste doch mehr sein als das, was ich kannte. Warum sonst hatten sich alle immer so auf Weihnachten gefreut?

Meine Einstellung dazu heute: Weihnachten ist keine Pflichtveranstaltung. Es geht nicht darum, wer den größten Weihnachtsbaum, die schönste Deko oder die meisten selbstgebackenen Plätzchen hat. Es geht darum, die Menschen zu sehen, die man wirklich liebt. Und das sind augenscheinlich nicht immer die, mit denen man verwandt ist. Es geht auch nicht darum, einen Festtagsbraten vorzubereiten und alle drei Weihnachtstage durchzuplanen und sich für alles einen Wecker zu stellen. Es geht um das Zusammensein. Um Frieden und schöne Momente. Davon haben wir eh viel zu wenig auf der Welt.

Das letzte Weihnachtsfest war für mich so, wie ich es mir gewünscht habe. Eine schöne, friedliche Stimmung mit Menschen, die mir wichtig sind: mein Freund und seine Familie, meine Mutter und mein Bruder. Meine „neue" Familie.

Sophie Russius (21 Jahre)

Lasst uns einmal von dem Festtags-‚Rummel' absehen, der in einer großen Stadt unvermeidlich ist. Lasst uns einmal daran denken, wie Weihnachten gefeiert werden kann, unter wenigen Menschen, die sich verstehen: Das ist kein Ansichtskarten-Weihnachten. Das ist nicht das Weihnachten des vierundzwanzigsten Dezembers allein – es ist das Weihnachten der Seele.

Kurt Tucholsky

ZWEI KULTUREN

Weihnachten war bei uns in der Familie immer etwas Besonderes. Ich bin aufgewachsenen in einer multikulturellen deutsch-arabischen Familie. Meine Mutter kommt aus einer katholischen Gegend und mein Vater aus Palästina.

An Heiligabend ging es traditionell zu meinen Großeltern, also den Eltern meiner Mutter. Dort gab es Geschenke von der deutschen Verwandtschaft. Als wir klein waren, glaubten wir noch an den Weihnachtsmann, der aber unsichtbar blieb. Das Essen bestand aus Bockwurst und Kartoffelsalat, wobei wir – mein Vater, meine Mutter und wir beiden Brüder – Geflügelbockwurst bekamen, die mir aber nicht schmeckte. Irgendwann einigten wir uns auf Fisch, da dabei niemand ausgeschlossen war.

Das Wohnzimmer mit den Geschenken war abgeschlossen, und wir Kinder mussten warten, bis wir zu Ende gegessen hatten, um dann den „verlorenen Handschuh" des Weihnachtsmannes zu suchen und schließlich zu finden, wohl als „Beweis" seiner Existenz. Ein schönes und aufregendes Spiel.

Geschenke gab es übrigens nicht nur zu Weihnachten, sondern auch am muslimischen Zuckerfest Eid nach dem Ende des Ramadan, und zwar von meinen Eltern und auch von meinen deutschen Verwandten. Gleich mehrfach beschenkt zu werden fand ich als Kind einfach großartig und auch ganz normal. Aber

am liebsten hätte ich es gehabt, wenn mir meine Eltern auch zu Weihnachten etwas geschenkt hätten ...

Das beste Weihnachtsgeschenk war die Goldene Edition der Pokémon-Serie für den Gameboy. Freunde in der Grundschule, die das Spiel von ihren älteren Geschwistern „geerbt" hatten, gaben damit an, was mich ärgerte. Als ich am Weihnachtsabend mit meinem Bruder zusammen spielte, war ich einfach nur glücklich. Er hatte die Silberne Edition bekommen.

Der Höhepunkt des Festes war am 1. Weihnachtstag immer der Besuch bei meiner Urgroßmutter, wo die ganze Verwandtschaft versammelt war. Ich selbst konnte nie etwas mit dem religiösen Aspekt von Weihnachten anfangen, aber sah, wie sehr sich alle freuten, einander wiederzusehen und die doch sehr seltene gemeinsame Zeit genossen. Am Nachmittag gab es Kaffee und Kuchen und am Abend eine Hühnersuppe als Vorspeise, als Hauptgang Sauerbraten und zum Nachtisch jedes Jahr eine neue Kreation von einer meiner Großtanten. Die Stimmung war lebhaft und fröhlich, es gab viel zu lachen, vor allem wenn die Großonkel Hubert und Hermann heftige Witze übereinander machten. Im Mittelpunkt des Familientreffens stand immer meine Uroma, die sich mit lustigen Kommentaren an der Unterhaltung beteiligte.

Seit ihrem Tod ist die Zeit des großen Weihnachts-Miteinanders vorbei. Das macht mich manchmal traurig. Heute beschränkt sich das Fest auf meine Familie, meine Oma, meine Tante und meinen Onkel. Wie ich später einmal mit Weihnachten umgehen werde, weiß ich noch nicht. Auf jeden Fall bin ich froh, dass ich es in meiner Kindheit intensiv erlebt habe – mit den ganzen wunderbaren Aspekten, aber auch dem Stress des Vorbereitens einschließlich des Geschenke-Kaufens und der vielen Besuchstermine. Weihnachten war für mich schön – und ich genieße es immer noch, ähnlich wie das Zuckerfest.

Karim El Korhaly

In dem Wiedersehn mit Kindheitstagen
lernen wir uns wiedersehn: zwar wir wussten,
dass die Jahre gingen, doch nun fühlen wir auch,
wie wir gehn.

Rainer Maria Rilke

KINDERSORGEN, KINDERFREUDEN

Es war ein großes Unglück, das im September über unsere Familie hereinbrach: Ein starker Frühfrost hatte die gesamte Ernte vernichtet. Es handelte sich um Körnermais, der erst im Spätherbst geerntet und an einen Futtermittelbetrieb verkauft werden sollte. Ein großer Schaden war eingetreten, so verspürte ich es als Kind, was für ein verlustreiches Jahr mochte es werden?

Ich war damals ungefähr neun Jahre alt. Mit uns Kindern wurde über das Ereignis nicht direkt gesprochen, aber die Sorgen der Eltern blieben uns nicht verborgen. Ich erinnere mich an eine große Beklemmung, ja, Angst, die mich ergriff: Wie soll das alles werden?

Ein Lichtblick und ein Trost war in jenen bedrückenden Wochen, dass – aus Anlass eines Namenstags – ein Familienfest gefeiert wurde, zu dem auch mehrere Onkel und Tanten kamen. Auf die freuten wir Kinder uns immer besonders. Sie konnten nämlich so wunderbar singen, sogar vierstimmig, was wir uns staunend und wie gebannt anhörten. Überhaupt wurde die Musik in unserm Haus groß geschrieben, wir fünf Geschwister lernten alle ein Instrument. Und wenn gespielt und gesungen wurde, rückten alle Alltagssorgen in den Hintergrund.

Etwas später stand das Nikolausfest an, und wieder versammelte sich bei uns die Verwandtschaft, und wieder wurde mehrstimmig gesungen. Es entfaltete sich eine spürbar feierliche und freudige Stimmung bei Zimt und Nelkenduft vom Linzer Kuchen, den meine Mutter gebacken hatte.

Mir taten diese feierlichen Zusammenkünfte diesmal besonders gut, ich spürte förmlich den Rückhalt von lieben Menschen, die uns nahestanden, und meine Befürchtungen, dass wir ein trauriges Christkindle erleben würden, waren zwar nicht ganz aus der Welt, aber doch deutlich kleiner geworden.

Kurz vor Weihnachten fragte mich meine Mutter: „Willst du mir bei den Päckchen helfen?" Jedes Jahr bereitete sie kleine Geschenke für Freunde und Verwandte vor. Ich war stolz, dass sie mich ansprach, und stand ihr gern zur Seite. Alle bekamen selbstgebackene Weihnachtsplätzchen, dazu diesmal eine kleine Schallplatte mit einer Neuausgabe der „Schwäbischen Weihnachten" von Maximilian Miller. Ein weiteres Indiz dafür, dass es soo schlimm mit dem Christkindle doch nicht werden würde.

Und so kam es am Heiligabend. Nach dem Abendessen mit Würsteln, Kraut und Kartoffelpüree vernahmen wir aus dem verschlossenen Weihnachtszimmer ein leises Glöckchengeläut, und unser Vater, der uns hereinließ, erzählte, dass er das Christkindle noch gehört habe – an das ich allerdings nicht mehr glaubte, was aber der Spannung keinen Abbruch tat. Dann sangen wir vor dem leuchtenden Tannenbaum mehrere Weihnachtslieder. Jeweils alle Strophen auswendig.

Zu meiner großen Überraschung fand ich auf dem Weihnachtstisch die sehnlichst gewünschten Schlittschuhe und freute mich unbändig. Als ich schließlich, gemeinsam mit meinen beiden älteren Geschwistern und den Eltern, sogar zur Mitternachtsmette mitkommen durfte, wo wir auf viele Verwandte trafen, war ich stolz und selig zugleich.

Wie es meine lieben Eltern im Einzelnen geschafft haben, durch die schwierige Zeit zu kommen, weiß ich nicht, aber ich bin sicher, dass dabei die singende Verwandtschaft eine wichtige Rolle gespielt hat …

Christa Geier

WEIHNACHTEN!

Liebeläutend zieht durch Kerzenhelle,
mild, wie Wälderduft, die Weihnachtszeit.
Und ein schlichtes Glück streut auf die Schwelle
schöne Blumen der Vergangenheit.

Hand schmiegt sich an Hand im engen Kreise,
und das alte Lied von Gott und Christ
bebt durch Seelen und verkündet leise,
dass die kleinste Welt die größte ist.

Joachim Ringelnatz

WO DER STERN HÄNGT

Bald ist wieder Adventszeit – in die Vorfreude mischen sich Erinnerungen an meine Kinderzeit: rote Kerzen, Lebkuchen und Tannengrün. Dieses freudige Erwarten, die Sicherheit, dass alles wieder da sein wird, was für viele Monate sorgfältig in Kisten verpackt war. Vor allem der Herrnhuter Weihnachtsstern mit seiner besonderen geometrischen Form, der als Ursprung aller Weihnachtssterne gilt.

Auch unsere Mutter war in dieser Zeit erfüllt von Erinnerungen und Erzählungen: das gemeinsame Singen in der Familie mit ihren Geschwistern und wie ihr Vater immer am Samstag vor dem 1. Advent den Stern zusammensteckte. Am Anfang geht es leicht, aber bei den letzten Zacken wird es knifflig …

Im Januar 1945 war sie mit ihrer Familie aus Breslau geflohen, zuerst nach Jena und im Juli 1945, erneut alles zurücklassend, nach Bayern. Meine Mutter hatte noch mehrere Schwestern, darunter die damals 22-jährige Ursel, sowie einen Bruder, der noch nicht aus dem Krieg zurück war und auch nicht mehr kommen sollte. Allen bangte vor der Adventszeit.

Meine Großmutter hat darüber in ihren Erinnerungen geschrieben:

„Da kam Ursel am Samstag vor dem 1. Advent und sagte fröhlich: ‚Wir haben heute noch viel zu tun!' ‚Was denn?' ‚Den Stern zusammensetzen!' Siehe da, sie packte alles aus, einen neuen Stern, selbst geklebt im kalten Zimmer, genau wie unser Stern in der Heimat, der uns all die glücklichen Jahre geleuchtet hatte. Es dauerte nicht lange, da leuchtete er wieder sein stilles, trostvolles Licht."

Als unsere Mutter vor einigen Jahren bettlägerig wurde und auf die Pflegestation kam, leuchtete über ihrem Bett zum Advent wieder der Stern und sie sagte mit leiser Stimme: „Wo der Stern hängt, da bin ich zu Hause."

Jetzt hängt dieser Stern bei mir.

Dorothea von Heynitz

ZAUBERHAFTE ZEIT

Jeder Stern strahlt Hoffnung aus.
Jede Wolke nimmt Wünsche mit auf die Reise.
Jeder Augenblick schmeckt nach Geheimnis.
Jeder Windhauch trägt Träume in sich
und macht sie wahr.

Marion Schmickler-Weber

HEILIGABEND ALLEIN

„Willst du heute Abend nicht doch zu uns kommen?", fragte mich eine gute Freundin, als sie am Vormittag des 24. Dezembers anrief. Die Jahre vorher hatte ich immer den Heiligabend bei ihr und den Familien der dortigen Hausgemeinschaft verbracht. Es waren fröhliche Treffen, die Kinder bekamen Geschenke, während wir Erwachsenen uns damit verschonten, im Mittelpunkt stand das gemeinsame Essen, zu dem jeder etwas beitrug. Wir unterhielten uns und waren guter Dinge.

Aber diesmal hatte ich beschlossen: Ich bleibe den Heiligabend allein, ich feiere mit mir selbst, zünde Kerzen an, höre Musik, esse etwas Gutes – und genieße die Zeit für mich. Nach der berufsmäßigen Dichte in den vorhergehenden Wochen und der allgemeinen Hektik sowie der allgegenwärtigen Corona-Problematik würde mir das guttun. Und so beruhigte ich die Freundin: Du brauchst dir keine Sorgen um mich machen.

Nicht zuletzt war ich neugierig, wie es mir bekommen würde: Heiligabend allein. Das erste Mal in meinem Leben.

Weitere Anrufe an dem Tag ignorierte ich, und ich gestaltete den Abend wie geplant. Von ferne vernahm ich Glockengeläut, etwas lauter, dann wieder leiser, mir wurde weihnachtlich zumute, und nach dem Mahl saß ich bei einem Glas Wein am Fenster, schaute

in den dunklen Himmel. Bilder aus weihnachtlichen Kindertagen stiegen in mir auf, verbunden mit einer aufkommenden melancholischen Stimmung. Keine Traurigkeit, aber Wehmut.

Unwiederbringliche Kindheit. Der Gang zur Kirche und die zunehmende Spannung, bevor zu Hause die Weihnachtsstube geöffnet wurde. Der Blick in eine überwältigende Festlichkeit, der Duft, die entzündeten Kerzen am Baum, die Geschenke. Das Erstaunen darüber, was der Weihnachtsmann alles vermochte. Einmal hatte er für meine Schwester eine Puppenstube und für mich einen Kaufmannsladen gebracht, alles von Hand gefertigt, und zwar, wie uns später klar wurde, von unserem Vater, der wochenlang heimlich im Schuppen gewerkelt hatte, den wir nicht betreten durften. Schon am Heiligabend und vor allem an den nächsten Tagen spielen und nochmals spielen. Mit dem neuen Trix-Baukasten.

Ein paar Jahre später, als ich zehn oder elf war und der Weihnachtsmann sich schon verabschiedet hatte, wartete ich sehnsüchtig auf das große elektronische Gerät, das die Eltern sich und uns zu Weihnachten geschenkt hatten: einen Schwarzweiß-Fernseher. Ein oder zwei Tage lang schaute ich unentwegt aus dem Fenster, bis endlich das Auto der Elektrofirma vor dem Haus hielt. Unsere Familie gehörte zu den letzten im Dorf, die sich den Wunderkasten leisteten. Die Wes-

WEIHNACHTEN

Ich sehn' mich so nach einem Land
der Ruhe und Geborgenheit.
Ich glaub', ich hab's einmal gekannt,
als ich den Sternenhimmel weit
und klar vor meinen Augen sah,
unendlich großes Weltenall.
Und etwas dann mit mir geschah:
Ich ahnte, spürte auf einmal,
daß alles: Sterne, Berg und Tal,
ob ferne Länder, fremdes Volk,
sei es der Mond, sei's Sonnenstrahl,
daß Regen, Schnee und jede Wolk,
daß all das in mir drin ich find,
verkleinert, einmalig und schön.
Ich muß gar nicht zu jedem hin,
ich spür das Schwingen, spür die Tön'
ein's jeden Dinges, nah und fern,
wenn ich mich öffne und werd' still
in Ehrfurcht vor dem großen Herrn,
der all dies schuf und halten will.
Ich glaube, daß war der Moment,
den sicher jeder von euch kennt,
in dem der Mensch zur Lieb' bereit:
Ich glaub, da ist Weihnachten nicht weit!

Hermann Hesse

tern-Ranch „High Chaparral" im Wohnzimmer, was für ein Luxus!

Etwas von dieser Stimmung, von dieser Atmosphäre, von diesem Geheimnis hätte ich gerne noch einmal genossen. Spätere Weihnachten waren anders. Auch oft schön, aber es erreichte nicht mehr die Tiefe und die Feierlichkeit, die ich damals als Kind empfunden hatte.

Etwas Eigenes entstand in der Phase, als ich mit meinem langjährigen Freund und Partner zusammenlebte. Wir schmückten unser Haus, verlebten gemeinsame Weihnachten und freuten uns miteinander, besuchten in den Tagen sowohl seine als auch meine Eltern. Das übliche Hin- und Herreisen über oft große Entfernungen, damit möglichst alle, wenigstens für kurze Zeit, zusammen sind und niemand alleine sein muss.

Und nun seit längerem die Feier mit der befreundeten Hausgemeinschaft. Bis zu diesem Heiligabend.

Später am Abend unternahm ich einen Spaziergang durchs Viertel. Die Melancholie wich einer fast heiteren Stimmung. Ich schaute in viele erleuchtete Fenster, sah manchmal kleine oder große Tannenbäume, meist mit künstlichem Licht, aber gelegentlich auch welche mit richtigen Kerzen, so wie ich es liebe. Menschen gingen in den Räumen hin und her, lachten, redeten. Ich stellte mir vor, was sich in diesen Welten abspielen mochte.

Ich fühlte mich gut, war zufrieden und entspannt, genoss die Ruhe und die Besinnlichkeit. Aber nächstes Jahr – so viel ist klar – geht es am Heiligabend wieder in die Hausgemeinschaft. Auch weil der dortige jugendliche Mitbewohner mir gleich nach Weihnachten sagte: „Ich habe dich diesmal ganz schön vermisst!"

Achim Klaaßen

FINE, UNSER WEIHNACHTSSTERN

Einen Tag vor Heiligabend konnten wir nach vier langen Wochen mit unserer neugeborenen Tochter Fine nach Hause zurückkehren, in unseren heimeligen ‚Stall'. Die Freude darüber, die eher kühle Krankenhausatmosphäre gegen Kaminfeuer, Weihnachtsduft und Kerzenlicht austauschen zu können, war riesengroß.

Doch Mama, Papa und die stolze und ehrfürchtige Schwester Lotta sollten unserem Wiegenmädchen Fine zum Leben nicht ausreichen. Zusammen mit ihr zogen Medikamente, Nahrungssonden, Spritzen, Messgeräte und eine große Portion Unsicherheit in unser Haus ein. Unsicherheit, weil alles so ungewiss und ungewohnt war.

Nach und nach durften aber auch weitere Wegbegleiter bei uns Einzug halten. Da ist diese bedingungslose Liebe, die wir erfahren haben und die wir schenken können. Unser Kind zu lieben, einfach, weil es da ist und bei uns sein kann – und uns von ihm geliebt zu fühlen, auch wenn ein beweisbringendes Lächeln ausbleibt.

Hinzu kommt die Aura einer sehr besonderen Ruhe und Besonnenheit. Fine bewegt sich wenig und gibt kaum Töne und Laute von sich. Aber zufrieden ist sie. Sichtlich zufrieden mit sich, mit uns und mit ihrem außergewöhnlichen Leben.

Dieses Leben, das immer mal wieder an einem seidenen Faden hängt, an dem zusätzlich von allen Seiten gezogen und gezerrt wird. Doch Fine hat die Fähigkeit, sich in diesen Momenten ganz leicht zu machen. So leicht, dass der Faden sie bisher trotz aller Widrigkeiten immer halten konnte. Wir spüren tiefe Dankbarkeit.

Wie damals in Bethlehem scheint es auch über uns einen Stern zu geben, der uns den Weg weist und uns sorgsame Begleiter schickt. Über Stock und über Stein, durch Höhen und Tiefen, bei Regen oder Schnee – trotz aller Umstände haben wir als Familie stets die Orientierung behalten können.

Inzwischen sind fünf Jahre vergangen. Jahre, in denen wir zu Experten in Sachen Liebe, Besinnlichkeit, Dankbarkeit und Solidarität wurden. Werte, die seit jeher auch dem Weihnachtsfest zugesprochen werden.

Fine wird ihre Krippe nicht verlassen können. Ihr Stern wird weiterhin erstrahlen. Weihnachten. Das ganze Jahr.

Anke Diederich

Glaube, Liebe, Hoffnung:
Glaube, liebe Hoffnung!

Friedrich Hebbel

Sternstunden, die man nie vergisst

ALS HEILIGABEND AUSFIEL

In unserem Dorf im Weserbergland war es Tradition, dass der Tannenbaum Heiligabend im Wald frisch geschlagen wurde. Wir Kinder wussten das natürlich nicht, und so standen wir jedes Mal staunend vor dem geschmückten Baum mit den brennenden Kerzen, den der Weihnachtsmann uns gebracht hatte. In der „Guten Stube" war Feuer gemacht – gemütlich warm war es dort. Noch heute habe ich den Geruch in der Nase.

Es war 1935, da sollte es anders kommen. Ich war zehn und mein kleiner Bruder vier Jahre alt. Unser Papa hatte wie immer schon Holz aus dem Schuppen geholt, den Kamin in der Stube angeheizt und sich dann auf den Weg gemacht. Was er noch zu erledigen hatte, das war – wie so vieles an Weihnachten – ein Geheimnis.

Unsere Mutter hatte, neben all den Vorbereitungen für das Fest, bis in den späten Nachmittag hinein noch viel Kundschaft in ihrem kleinen Haushaltswarenladen. Es kamen vor allem Männer, um noch ein Geschenk für ihre Frauen zu kaufen: Eine Blumenvase, eine hübsche Tasse, Gläser oder eine Tortenplatte – jeder wusste, dass man all das in unserem Laden noch bekommen konnte. Auch kleine Spielzeuge für Kinder gab es hier. Und häufig wusste meine Mutter sogar, was die Frauen des Dorfes sich wünschten.

Unterdessen warteten wir Kinder mit Spannung auf den Abend. Ein heimlicher Blick durch das Schlüsselloch – doch in der Stube war noch nichts zu entdecken. Unser Vater wollte bald zurück sein. Doch wo blieb er nur? Wir merkten, dass die Mama langsam unruhig und schließlich immer ärgerlicher wurde. Wie sollten wir Weihnachten feiern, wenn Papa noch nicht da war?

Was genau sie uns sagte, daran kann ich mich nicht mehr erinnern. Vielleicht hatte der Weihnachtsmann einfach zu viel zu tun gehabt mit all den Geschenken für die Kinder und unseren Vater offenbar noch nicht angetroffen. Zwar glaubte ich nicht mehr so richtig an den Weihnachtsmann, aber für meinen kleinen Bruder muss es wohl solch eine Erklärung gewesen sein. Also: Kein Baum, kein Heiligabend, keine gemütliche Feier in der warmen Stube, keine Bescherung! Voller Enttäuschung wurden wir ins Bett geschickt.

Am 1. Weihnachtstag dann morgens das Wunder: Ein schön geschmückter Baum stand in der guten Stube, brennende Kerzen und Geschenke. Da hatte sich der Weihnachtsmann also doch verspätet! Heute ist mir klar, dass meine Mutter bis tief in die Nacht gewerkelt haben muss.

Und unser Vater? Der hatte, wie ich erst später erfuhr, auf dem Rückweg aus dem Wald andere Männer aus dem Dorf getroffen. Da musste natürlich erst einmal auf Weihnachten und den schönen Baum angestoßen werden – in diesem Jahr wohl besonders kräftig. Jedenfalls war er erst spät abends mit dem Baum unterm Arm zu Hause eingetrudelt. Mein Vater war eigentlich ein zuverlässiger und um seine Familie besorgter Mann. Wie hatte ihm das passieren können?

Ist das Malheur nun zum Weinen oder Lachen gewesen? Es liegt schon so lange Zeit zurück. Ich bin inzwischen weit im 97. Lebensjahr und habe dennoch dieses Weihnachtsfest nie vergessen.

Liselotte Stöhr

Aber hier, wie überhaupt,
kommt es anders als man glaubt.

Wilhelm Busch

VATER UND SOHN

Mit gemischten Gefühlen fuhr ich nach Hause zu meinen Eltern. Meine Mutter hatte angerufen: „Kommst du? Sonst sind wir Weihnachten ganz allein." Das stimmte nicht so ganz, denn am 2. Weihnachtstag wollte mein Bruder mit Freundin kommen – vorher war ein Aufenthalt bei deren Eltern geplant.

Eigentlich hatte ich mit meiner Wohngemeinschaft Weihnachten feiern wollen. Ich fand, es sei an der Zeit, mich etwas mehr von meinem Elternhaus abzunabeln. Gerade auch an Weihnachten. Ich war schließlich mit Mitte zwanzig schon lange erwachsen. Mein Umfeld war gespalten, die einen blieben in der Uni-Stadt, die andern zogen – obgleich sonst so rebellisch – das traute Familienleben vor. Die mit Freund oder Freundin wanderten meistens zwischen den Familien „hin und her".

Schließlich hatte ich mich doch umstimmen lassen. Was mich versöhnte, war die Aussicht, wenigstens einige der alten Freunde wiederzutreffen.

Meine Mutter freute sich, ebenso mein Vater, während ich mir etwas verloren vorkam. Die Rituale, das Essen, die Kirche (die ich ausließ), der Weihnachtsbaum, die Lieder, das Geschenke-Auspacken – das passte alles nicht mehr so richtig.

Anders als früher wurde diesmal auf Alkoholisches nicht verzichtet. Für meine Mutter ein Glas Wein, während mein Vater und ich einen Whisky vorzogen.

Und damit nahm der Abend seinen Lauf. Meine Stimmung besserte sich schon nach dem zweiten Glas, und auch mein Vater wurde lockerer, entspannter und lustiger, während Mutters Miene sich etwas verdunkelte. Sie befürchtete offenbar, dass dies kein normaler Weihnachtsabend werden würde.

Tatsächlich geschah nichts Schlimmes, aber Vater und ich wurden immer heiterer. Wir lachten und wir redeten, über dies und das, Belangloses und Ernstes, Vergangenes und Gegenwärtiges, über uns und andere. Unser Zusammensein erfuhr eine Intensität, wie ich sie nie erlebt hatte. Nachdem wir die Flasche komplett geleert hatten, war das Gelage beendet.

Ein paar Tage später, auf dem Weg zu „meinem" Zuhause, ging mir das Geschehen noch einmal durch den Kopf. Was für ein Weihnachten!

Was niemand wusste oder ahnte: Es war das letzte Weihnachten für meinen Vater. Er starb einige Zeit später, ganz plötzlich und ohne Vorankündigung.

Eckhart Bichler

Je schöner und voller die Erinnerung,
desto schwerer ist die Trennung.
Aber die Dankbarkeit verwandelt die Qual der
Erinnerung in eine stille Freude. Man trägt das
vergangene Schöne nicht wie einen Stachel,
sondern wie ein kostbares Geschenk in sich.

Dietrich Bonhoeffer

HEIKES WEIHNACHTSGESCHENK

In der Vorweihnachtszeit stelle ich es immer an einen besonderen Platz, das Weihnachtsgeschenk von Heike. Es ist eine Keramikschüssel, olivgrün mit braunen Einsprengseln. Am Rand sitzen auf der einen Seite vier Mäuschen, auf der anderen liegen kleine Käsestückchen. Dies Motiv hat schon manchem ein Lächeln aufs Gesicht gezaubert. Über zwanzig Jahre ist es her, seit ich dieses schöne Geschenk bekommen habe. Es erinnert mich auf eine schmerzlich-frohe Weise an Heike.

Heike war 21 oder 22 Jahre, als ich sie kennenlernte. Ich kam als Pastorin neu in die Gemeinde, und Heike war im „Jugendkreis" aktiv, der aber eher ein Kreis junger Erwachsener war. Die Gruppe tagte selbstständig, aber im Gemeindehaus liefen wir uns jede Woche über den Weg. Heike war immer die erste. Ich habe mich dann oft zu ihr gesetzt, und wir unterhielten uns. Manchmal war sie sogar die einzige und ärgerte sich, dass die anderen nicht gekommen waren.

Heike war auch Kindergottesdienstmitarbeiterin. Wenn es etwas Besonderes zu tun gab, war sie zur Stelle. Ich erinnere mich an das Basteln von Watteschäfchen, die in einem Familiengottesdienst ausgeteilt werden sollten. Da gab es immer einiges zu tun, wir waren eine große Gemeinde mit vielen Familien. In ihrer besonderen Art schloss ich die junge Frau ins Herz.

Bald erfuhr ich, dass Heike als Kind einen Gehirntumor gehabt hatte. Die Ärzte hatten gemeint, dass sie nicht mehr lange zu leben hätte. Damit wollte sich ihre Mutter aber nicht zufrieden geben. Sie erkundigte sich, ob es nicht noch irgendwo Hilfe geben könnte, was damals ohne Internetrecherche schwierig war. Nach längerer Suche fand sie tatsächlich einen Mediziner, der Heike durch eine Operation gesund machte. Die Ärzte sprachen von einem medizinischen Wunder. Heike und ihre Mutter haben Gott Danke gesagt.

Etwa ein Jahr, nachdem ich Heike kennengelernt hatte, kam sie eines Abends nicht zum Jugendkreis. Von ihrer Mutter hörte ich, sie sei im Krankenhaus. Erneut ein Tumor. Als ich sie dort mehrmals besuchte, machte sie zu Anfang noch Spaß über sich selbst. Aber die Situation war ernst, sie wurde am Kopf operiert, zuerst einmal und dann wieder. Zuletzt konnten ihr keine Medizin und kein Arzt mehr helfen. Ihre Kräfte nahmen immer mehr ab, ihr Anblick machte mich hilflos und traurig.

Sie wurde nach Hause entlassen, und es war abzusehen, dass sie nicht mehr lange leben würde. Es war schön zu beobachten, wie warm und liebevoll ihre Mutter sie versorgte und wie die beiden auf besondere Weise eins waren. Bei einem Besuch kam mir ein Gedanke, und ich fragte ihre Mutter, so behutsam wie möglich: „Was halten Sie davon, wenn wir mit Heike das Abendmahl feiern?" Sie sagte sofort: „Ja, das sollten wir tun!" Später gestand sie mir, dass sie zunächst einen großen Schrecken bekommen habe, als ich sie fragte.

Heike hatte eine schöne eigene Wohnung im Haus ihrer Eltern, die bot Platz für viele Gäste. So lud ihre Mutter den ganzen Jugendkreis ein, mit einigen war Heike eng befreundet. Sie hatten viel miteinander erlebt, waren zusammen erwachsen geworden, hatten miteinander über Gott und die Welt diskutiert und zusammen gelacht.

Als ich alle da sitzen sah, musste ich einen Moment innehalten, und während ich sprach, gelegentlich schlucken. Der Gesang der jungen Menschen tat gut. Heike hatte nicht mehr so viel Kraft, aber ihre Augen leuchteten, als wir all die Lieder sangen, die sie so gerne mochte. Eines ist mir besonders im Gedächtnis geblieben: „Von guten Mächten wunderbar geborgen, erwarten wir getrost, was kommen mag. Gott ist mit uns am Abend und am Morgen und ganz gewiss an jedem neuen Tag."

Beim Singen kamen manchmal die Tränen, auch mir. Wir wussten ja alle, dass dies eine Abschiedsfeier für Heike war. Und doch überwog der Trost unseres gemeinsamen Glaubens. Heike strahlte aus, dass sie all das Schwere hinter sich gelassen hatte. Auch die Frage: „Warum ich?", die sie im Krankenhaus noch sehr beschäftigt hatte. Sie war schon auf dem Weg zu Gott, das war zu spüren. Am nächsten Tag fiel sie ins Koma. 14 Tage später starb sie, am Sonnabend vor dem 2. Advent.

Noch vor ihrem Tod und vor der Abendmahlsfeier hatte Heike ihre Mutter gebeten, Weihnachtsgeschenke einzukaufen – für die Menschen, die ihr lieb und wichtig waren. Und mit der Verteilung nicht zu warten, sondern sofort zu beginnen. So erhielt ich bei einem meiner Besuche die Keramikschüssel. Auf dem Aufkleber an der Schüssel las ich, dass der Verkaufserlös für eine Obdachlosen-Einrichtung bestimmt war. Das passte zu Heike.

Das verfrühte Weihnachtsgeschenk erinnert mich jedes Jahr aufs Neue an Heike – und an ihren Humor, ihre Liebe zu ihren Mitmenschen und an ihren festen Glauben.

Elfriede Siemens

Wenn ihr mich sucht, sucht mich in euren Herzen.
Habe ich dort eine Bleibe gefunden,
lebe ich in euch weiter.

Rainer Maria Rilke

WENDE-WEIHNACHTEN

Weihnachten 1990. Wie meistens in den Jahren zuvor waren wir zu meinen Eltern in ein Dorf in der Nähe von Rostock gereist. Ich lebte als Alleinerziehende mit meinen beiden Kindern in Berlin, genauer: Ostberlin. Die Jungen, 1971 und 1975 geboren, genossen immer das Zusammensein mit der zahlreichen Verwandtschaft, vor allem meinen Schwestern und deren jungen Familien einschließlich Oma und Opa. Auch jetzt.

Zwar feierten wir wie sonst auch mit Gottesdienst, stimmungsvollen Liedern, einem Festessen und Geschenken. Aber: Die DDR gab es nicht mehr, nachdem gut zwölf Monate zuvor die Mauer gefallen war. Was sollte jetzt kommen? Was sollte aus uns werden? Und aus meinen Kindern, die keine Kinder mehr waren? Ich erinnere mich an eine Stimmung der Unsicherheit, auch auf diesem Familienfest. Aber da war zugleich ein völlig neues Gefühl von Freiheit, eine riesige Erleichterung über den Zusammenbruch des Staates, in dem unsere Familie eher am Rand gestanden hatte.

Gerade an den Weihnachtsfesten vor und nach der Wende spiegelten sich die historischen Ereignisse auf eine besondere Weise. 1990 war jedenfalls ambivalent, aber es überwog ganz klar das Positive, die Hoffnung auf bessere Zeiten. Und ließ in den Hintergrund rücken, was zuvor geschehen war und auch die Weihnachtsfeste überschattet hatte.

Bei meinem älteren Sohn Jörg hatte sich schon früh der Wunsch eingestellt, die DDR zu verlassen. Auf einem ungefährlichen Weg wollte er sein Ziel erreichen: als Seemann. So bewarb er sich 1987 für eine Ausbildung bei der Seereederei in Rostock. Ich bezweifelte den Erfolg, da wir nicht als zuverlässig und systemtreu galten. Das hing mit meiner Herkunft zusammen. In unserem Dorf in Mecklenburg-Vorpommern hatte meine Familie vor der Kollektivierung einen Bauernhof besessen – danach arbeitete mein Vater bei der LPG. Selbstverständlich gingen wir, obwohl nicht besonders „fromm", zur Kirche, und wir Geschwister wurden konfirmiert – wie es später auch bei meinen Söhnen der Fall war. Dieser Hintergrund machte uns mehr oder weniger verdächtig. So durfte ich nicht studieren.

Doch wider Erwarten erhielt Jörg, der damals sechzehn war, einen Ausbildungsplatz. Nach der einjährigen theoretischen Phase startete im September 1988 die erste Reise nach Mittelamerika. Auf dem Rückweg nach Europa gab es Probleme mit der Navigation des Schiffes, was eine erhebliche Verzögerung zur Folge hatte. Weihnachten musste auf See stattfinden, es herrschte eine traurige Stimmung an Bord. Auch ich zu Hause hatte mit meinen Gefühlen zu kämpfen. Am 24. Dezember gab es im Rundfunk immer eine Grußsendung für die Seeleute in aller Welt. Freddy Quinn

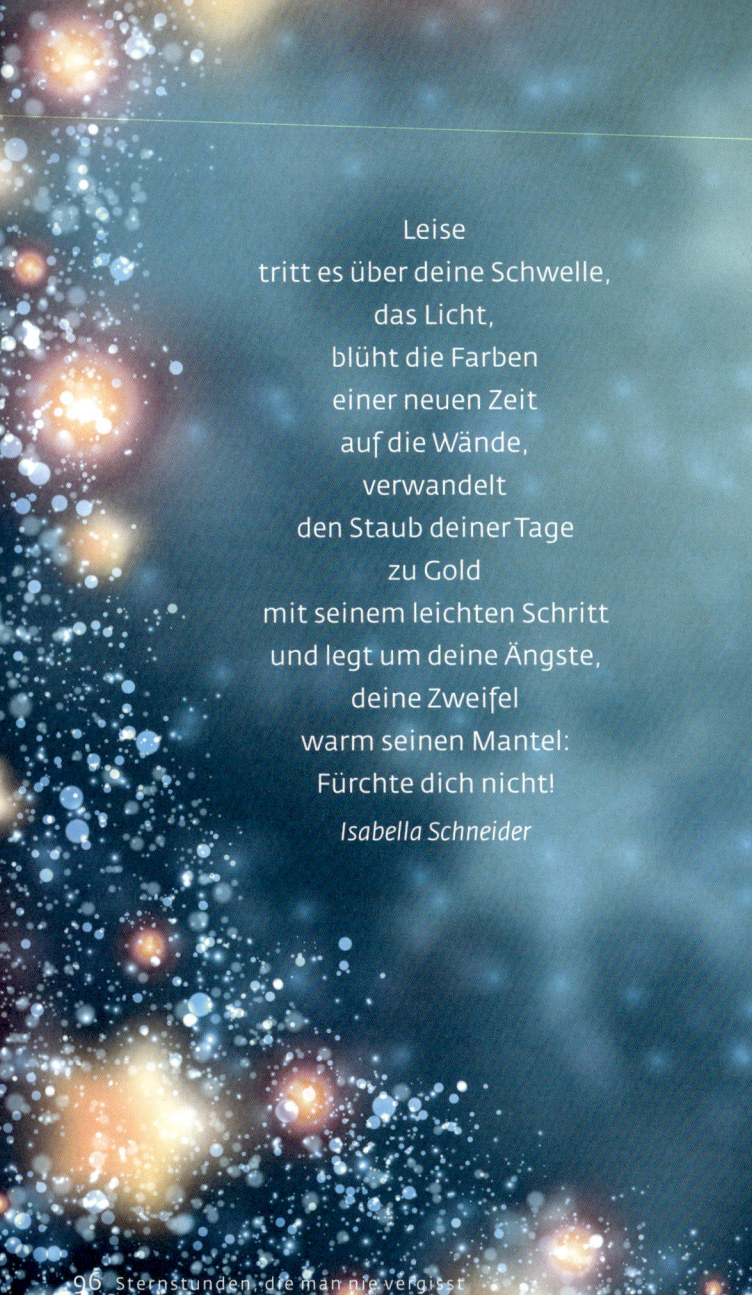

Leise
tritt es über deine Schwelle,
das Licht,
blüht die Farben
einer neuen Zeit
auf die Wände,
verwandelt
den Staub deiner Tage
zu Gold
mit seinem leichten Schritt
und legt um deine Ängste,
deine Zweifel
warm seinen Mantel:
Fürchte dich nicht!

Isabella Schneider

sang „Junge, komm bald wieder", und ich saß heulend wie ein Schlosshund unter der Tanne bei meinen Eltern auf dem Dorf. Das erste Weihnachtsfest ohne Jörg. Erst Anfang Januar lief das Schiff in Rostock ein.

Die zweite Reise Anfang 1989 führte nach Südostasien. Jörg war bester Stimmung, als er im Juni wieder zu Hause war und auf der Geburtstagsfeier seiner Urgroßmutter im Mittelpunkt stand. Wer konnte damals in der DDR schon „live" aus aller Welt berichten?

Als es kurz darauf erneut nach Asien ging, hatten sich Jörgs Fluchtpläne konkretisiert. Er wollte gleich zu Anfang im Nordostseekanal unbemerkt von Bord gehen. Vorausgegangen waren unendliche Diskussionen und viele schlaflose Nächte. Wir schmiedeten Pläne und spielten alle möglichen Varianten durch. Letztendlich stand fest: Jörg verlässt die DDR – und uns. Ich konnte ihn verstehen und akzeptierte seine Entscheidung schweren Herzens, was aber auch hieß, dass es für Jörgs jüngeren Bruder Michael Konsequenzen habe würde. Der besuchte zu dieser Zeit eine Elitesportschule. Die Flucht des Bruders würde das Ende seiner Sportlaufbahn bedeuten.

Am 18. Juli 1989 setzte ich Jörg am Hafen in Rostock ab. Die Fahrt von Berlin verlief schweigend. Ich sehe ihn noch mit seinem Seesack auf dem Rücken hinter dem Tor verschwinden. Die Stunden danach sind aus meinem Gedächtnis gelöscht, ich lebte wie im Nebel.

Kurze Zeit später erreichte mich über die Küstenfunkstelle Rügen Radio die Nachricht, dass das

Frachtschiff statt durch den Nordostseekanal den Weg über das Skagerrak genommen hatte. So hatten sich Jörgs Fluchtpläne fürs Erste erledigt. Beunruhigend waren Gerüchte, wonach die Änderung der Route darauf hindeutete, dass sich an Bord eine verdächtige Ladung befand, nämlich Waffen. Nach ein paar Wochen gab es von der Reederei keine Auskunft mehr über den Aufenthaltsort des Schiffes, es galt als verschollen. Angst, Verzweiflung und Wut ergriffen mich.

Es war jene Zeit im Herbst 1989, in der in unserem Staat große Unzufriedenheit und Unruhe herrschten. Zuflucht fand ich in der Kirchengemeinde, wir organisierten uns, redeten viel und hielten Mahnwachen ab.

Wo mochte mein Sohn sein, lebte er noch? Ende November erreichte mich während der Arbeit ein Anruf. Es war Jörg. Er erzählte, dass er in einem Hotel in Saigon sei und von der Grenzöffnung gehört habe. „Mama, wie kannst du da noch auf Arbeit sitzen?", fragte er erregt. „Pack die Sachen und verlass mit Micha Ostberlin! Man weiß ja nicht, wie das endet. Mach dir um mich keine Sorgen. Wir sehen uns in einem freien Land wieder."

Ich wartete dann aber doch seine Rückkehr ab. Im Januar 1990 traf er ein, und ich erfuhr die Geschichte. Das Schiff hatte tatsächlich Waffen an Bord gehabt, bestimmt für das Kriegsgebiet Kambodscha. Verfolgt von Piraten, die von der illegalen Ladung wussten, erreichte es nach einigen Irrfahrten schließlich den Zielhafen. Wie sich später herausstellte, war das Schiff technisch völlig marode und zeitweise nicht mal manövrierfähig, aber für dieses schmutzige Geschäft offenbar die richtige Wahl. So wie die Mannschaft, deren Leben bei den DDR-Verantwortlichen offenbar nicht viel gegolten hatte. In Vietnam verlebte Jörg dann das zweite Weihnachtsfest weitab der Heimat, während Michael und ich alleine in Berlin feierten. Der Gedanke, dass wir uns bald wieder in die Arme nehmen konnten, war tröstlich – für ihn und für uns.

Nach seiner glücklichen Rückkehr hat Jörg die Seefahrt an den Nagel gehängt. Er lebt mittlerweile in Berlin, sein Bruder in Spanien – und ich pendele mit meinem neuen Mann hin und her. Wer hätte das je gedacht?

Und die Zeiten von damals, verbunden mit den Erinnerungen an die Weihnachtsfeste? Es ist gut gegangen, aber der Blick zurück schmerzt immer noch.

Elfriede Stypmann-Grosche

KLEINE SCHRITTE, GROSSE SCHRITTE

Die feste, große, warme und ruhige Hand des Vaters hat die nur unvollständig ausgebildete Hand der dreizehn Monate alten Tochter liebevoll ergriffen. Die große Hand hält diese merkwürdige kleine Hand fest und führt sie langsam und sicher aus der großen warmen, nach Braten und Kuchen duftenden Küche, wo ein lautes und lustiges Treiben herrscht, hinaus in den dunklen, kalten und zugigen riesigen Flur, in dem es nach eingelagerten Kartoffeln und nach Erde an den Stiefeln riecht.

An der vertrauten großen Hand kann ich, die zweite kleine Tochter des Hauses, neugierig und sicher die Dunkelheit passieren und erobern. Mit noch sehr unsicheren und wackeligen Schritten bewege ich mich in Richtung des schmalen, aber unendlich hohen gelben Lichtstrahls. Ich bin neugierig.

In den letzten Wochen konnte ich schon die Dielen der Küche robbend erkunden und zu den Pfoten unserer mit schier unendlicher Geduld ausgestatteten Hündin krabbeln, um mich genau dort zwischen diesen vier Pfoten einzukuscheln. Ich kenne auch schon den gefährlich heißen Kamin mit seinen faszinierend tänzelnden Feuerbändchen und die harten, kalten Stufen aus der Küche in den Garten.

Aber heute entdecke ich in dem kalten, dunklen Flur diesen geheimnisvollen Lichtspalt. Mit der linken Hand lehne ich mich an die große Holztür. Sie öffnet

sich weiter, und der Lichtspalt wird breiter und breiter. Ich rieche Kerzen, Bohnerwachs, Tannenzapfen und Nadeln, den Duft der frisch gewaschenen weißen Tischdecke. Und sehe jetzt, noch weit weg, Erstaunliches und Faszinierendes: ein Lichtermeer, tausend tänzelnde grüne, rote, silberne Kugeln, kleine leuchtende Flämmchen, die in einem riesigen Baum nisten, ganz hinten in der Ecke des Zimmers.

Dort will ich hin, vielleicht kann ich sie alle umarmen, anfassen, in den Mund nehmen. Ich muss dahin, sofort. Die große warme Hand, die meine winzige Hand umschließt und mich später noch oft beschützen wird, ist plötzlich ein Hindernis. Ich muss mich befreien.

Meine Hand mit nur zwei Fingern ist so klein, dass sie mühelos aus der großen Hand gleiten kann. Schwupps und schon bin ich frei und ich laufe, marschiere, alleine, unsicher, aber entschlossen und glücklich in Richtung der bunten Kugeln und Lichter.

Ich laufe und laufe und laufe. Und stehe dann unter dem duftenden Baum und lache und lache und lache. Und mein Lachen erfüllt den ganzen Raum und steckt alle an. Ich stehe alleine unter dem Baum und plumpse auf den Boden und alle lachen und freuen sich über meine ersten Schritte in meinem Leben.

Alle haben gebangt um mich, meine Eltern, Großeltern, Tanten und Onkel, ob ich je würde selbstständig laufen können. Damals, in der tiefsten französischen Provinz, wo es keine Vorsorgeuntersuchungen gab und ich mit sichtbaren Fehlbildungen auf die Welt gekommen war.

Welch ein Weihnachtsgeschenk am 24. Dezember 1957.

Anne Brunet

Möge der Segen
das ganze Jahr bleiben
und dich unbeirrbar führen
hin zu den Wundern
die wachsen und blühen möchten
in dir

Cornelia Elke Schray

In manchen Geschichten wurden die Namen der dort genannten Personen geändert. Zudem haben einige Autorinnen und Autoren ein Pseudonym gewählt.

Zum Herausgeber:
Andreas Wojak, Dr. phil., arbeitet als Autor, Herausgeber und Radiojournalist. Er ist aufgewachsen in Ostfriesland, lebt in Oldenburg. Nach den ersten beiden erfolgreichen Bänden „Herzwärts" (2019) und „Sternstunden" (2021) legt Andreas Wojak jetzt den dritten Band mit „berührenden Herzgeschichten" vor: „Sternstunden zur Weihnachtszeit".

Quellennachweis:
Jörn Heller: S. 43 © beim Autor. **Hermann Hesse**: S. 76 „Weihnachten", aus: ders., Sämtliche Werke in 20 Bänden. Herausgegeben von Volker Michels. Band 10: Die Gedichte, © Suhrkamp Verlag Frankfurt am Main 2002. Alle Rechte vorbehalten durch Suhrkamp Verlag Berlin. **Rolf Krenzer**: S. 52f „Wann fängt Weihnachten an", aus: ders. (Hg.), Die schönsten Geschichten zur Advents- und Weihnachtszeit. Für Gemeinde und Familie, Verlag Herder, Freiburg im Breisgau 1992, © Rolf Krenzer Erben, Dillenburg. **Marion Schmickler-Weber**: S. 73 © bei der Autorin. **Isabella Schneider**: S. 96 © bei der Autorin. **Cornelia Elke Schray**: S. 103 © bei der Autorin. **Christa Spilling-Nöker**: S. 28 „Nikolausnacht", aus: dies., Ein Staunen liegt in der Luft, © 2021 Verlag am Eschbach.

Bildnachweis:
Fotografien: iStock / Belitas (S. 8), plainpicture / Narratives / Jon Day (S. 17), shutterstock / Ruth Black (S. 20), iStock / Eerik (S. 39), shutterstock / IgorAleks (S. 47, 70/71), photocase / melrose (S. 55), iStock / Eucalyptys (S. 60), shutterstock / Flaffy (S. 78), shutterstock / Vjom (S. 81, 96), iStock / hunoszora (S. 82/83), iStock / poplasen (S. 89), shutterstock / nioloxs (S. 103). Grafiken: shutterstock / L. Kramer, shutterstock / Liubov Khutter-Kukkonin, iStock / juliannafunk, shutterstock / orangeberry, shutterstock / Pipochka, iStock / Nataniil.

Alle Rechte vorbehalten
© 2022 Verlag am Eschbach,
Verlagsgruppe Patmos in der Schwabenverlag AG, Ostfildern
Im Alten Rathaus/Hauptstraße 37
D-79427 Eschbach/Markgräflerland

www.verlag-am-eschbach.de

Gestaltung und Satz: Angelika Kraut
Schriftvorlagen: Ulli Wunsch, Wehr
Herstellung: Grafisches Centrum Cuno GmbH & Co. KG, Calbe
Hergestellt in Deutschland
ISBN 978-3-86917-955-1

Dieser Baum steht für umweltschonende Ressourcenverwendung, individuelle Handarbeit und sorgfältige Herstellung.

**Im Verlag am Eschbach
ist erschienen:**

Andreas Wojak
Herzwärts
Geschichten, die die Seele wärmen
ISBN 978-3-86917-696-3

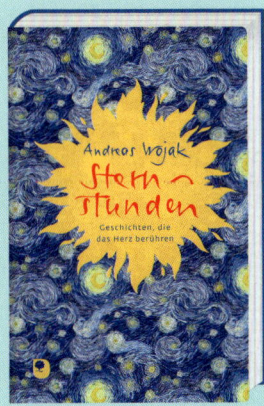

Andreas Wojak
Sternstunden
Geschichten, die das Herz berühren
ISBN 978-3-86917-840-4